Colección Tradición y Luz

LOS MATHEMATIKOÍ

NÚMERO, ARMONÍA Y PURIFICACIÓN DEL ALMA EN LA TRADICIÓN PITAGÓRICA

Conrado Milanes

Lux in Tenebris – Año de la Verdadera Luz

Autor: Conrado Milanés
Diseño de portada: Kengelyn Alarcón
Corrección de estilo: Conrado Milanés
Maquetación: Julio J. Medina

ISBN: 979-8-9938811-6-4
Colección: "Tradición y Luz"
Primera edición

DEDICATORIA

Al Gran Arquitecto del Universo,

Principio sin nombre y orden sin confusión,

Fuente de toda medida, de toda proporción y de toda armonía inteligible.

Aquel que no se impone por la fuerza,

sino que se revela en el orden;

que no se proclama en el ruido,

sino que se reconoce en el silencio;

y que no se posee jamás,

sino que se busca con humildad, disciplina y perseverancia interior.

A mi familia,

primer espacio donde el orden se vuelve vida concreta.

A mis padres, raíz silenciosa de todo lo que soy;

a mis hijos, razón última por la que el conocimiento debe ser responsable

y la búsqueda, honesta.

A mis hermanos, con quienes la sangre se transforma en camino compartido,

y la diferencia no rompe la unidad, sino que la pone a prueba y la fortalece.

De manera especial, a mi hermano Marcos,

que ya no camina en este mundo,

pero que desde el cielo se ha convertido en guía,

presencia silenciosa y referencia interior.

Su ausencia no fue vacío,

sino orientación;

no fue pérdida estéril,

sino llamado a vivir con mayor coherencia,

a buscar con más profundidad

y a no olvidar que toda verdad auténtica exige también trascendencia.

Y también, con profundo amor, a mi hermano Ernesto,

que permanece aquí, en la tierra,

presencia viva, cercana y constante.

A él, que acompaña desde lo cotidiano,

que sostiene desde lo humano

y que recuerda, con su sola existencia,

que el vínculo fraterno es una forma concreta de armonía

cuando se vive con afecto, lealtad y verdad.

De manera igualmente especial, a mi **Q∴H∴**, y amigo personal Bian Oscar Rodriguez Galá (El B)

por su acompañamiento intelectual constante en todas mis obras,

por sus observaciones atentas

y por su disposición silenciosa a señalar, corregir y orientar

sin imponer nunca el camino.

Finalmente, a todos los buscadores de la verdad,

a quienes no la confunden con opinión ni con poder,

a quienes saben que el conocimiento no es adorno del intelecto,

sino trabajo sobre uno mismo.

A los mathematikoí de ayer y de hoy:

a los que comprendieron que el número no domina, sino que ordena;

que la armonía no complace, sino que exige;

y que la disciplina, lejos de empobrecer al ser humano,

lo vuelve capaz de coherencia interior.

Que estas páginas no sirvan para convencer,

sino para ordenar;

no para deslumbrar,

sino para despertar una atención más justa

hacia el misterio del orden que sostiene lo real

y hacia la responsabilidad de vivir conforme a él.

ÍNDICE

PRÓLOGO

Hay libros que buscan transmitir información y otros que aspiran a algo más exigente: ordenar la mirada del lector. Este pertenece a la segunda categoría. No porque renuncie al rigor histórico ni al análisis conceptual, sino porque entiende que ciertos temas sólo pueden abordarse con una disposición interior adecuada. El pitagorismo —y, en particular, la figura del mathematikoí— no se deja reducir a una doctrina, a una cronología ni a un conjunto de fórmulas repetibles. Es, ante todo, una pregunta abierta sobre la relación entre conocimiento, orden y vida.

El lector que se acerque a estas páginas buscando una historia lineal, cerrada y definitiva, se sentirá pronto desorientado. No encontrará aquí un sistema completo ni una reconstrucción dogmática de una escuela antigua. Tampoco hallará especulación esotérica ni afirmaciones gratuitas. Lo que encontrará es un esfuerzo sostenido por pensar con cuidado, por distinguir niveles, por respetar los límites de la evidencia y, al mismo tiempo, por no renunciar a la dimensión simbólica cuando ésta resulta necesaria para comprender el sentido profundo de las fuentes.

Este libro parte de una convicción sencilla y, a la vez, exigente: el conocimiento no es neutral. Toda forma de saber moldea, de manera explícita o implícita, a quien la cultiva. El pitagorismo antiguo intuyó esta verdad con una radicalidad poco común. En él, el número no era sólo un objeto de estudio, sino una medida interior; la armonía no era un concepto abstracto, sino una disciplina del alma; y el silencio no era una negación del lenguaje, sino su condición de posibilidad. Comprender esto requiere algo más que erudición: requiere paciencia intelectual.

Por esa razón, este libro no se lee con prisa. No invita al consumo rápido ni a la búsqueda de conclusiones inmediatas. Propone, en cambio, un recorrido progresivo, donde cada parte prepara a la siguiente y donde el lector es constantemente llamado a distinguir entre lo verificable, lo probable y lo simbólico. Esta exigencia no es un obstáculo, sino una forma de respeto: respeto por las fuentes, por el tema y por la inteligencia del lector.

El prólogo cumple aquí una función precisa. No pretende explicar el contenido que sigue ni orientar metodológicamente su lectura —eso se hará más adelante—, sino disponer el ánimo. Quien cruce este umbral debe saber que entra en un espacio donde la claridad no se obtiene simplificando, sino afinando; donde la profundidad no se logra acumulando ideas, sino ordenándolas; y donde la verdad no se impone, sino que se deja reconocer por quien acepta someterse a su exigencia.

Si estas páginas logran algo, no será ofrecer respuestas concluyentes, sino recuperar una pregunta antigua que sigue siendo actual: ¿puede el conocimiento ser una vía de purificación interior y no sólo un instrumento de poder? El mathematikoí aparece aquí como una figura que no responde definitivamente a esa pregunta, pero que la encarna de manera ejemplar. Leer este libro es, en última instancia, aceptar dialogar con esa figura sin apresurarse a domesticarla.

El lector atento descubrirá que este diálogo no pertenece exclusivamente al pasado. En un mundo saturado de información y carente de medida, la cuestión del orden interior vuelve a plantearse con urgencia. Este libro no ofrece soluciones prácticas ni recetas aplicables. Ofrece algo más difícil y, quizá, más necesario: un marco de reflexión desde el cual pensar de nuevo la relación entre saber, responsabilidad y vida.

INTRODUCCIÓN GENERAL

Pitágoras y el nacimiento de una forma de vida

El nombre de Pitágoras ocupa un lugar singular en la historia del pensamiento occidental. A medio camino entre la figura histórica y el referente simbólico, su legado ha atravesado siglos de interpretaciones, apropiaciones y malentendidos. Matemático para unos, filósofo para otros, fundador de una escuela religiosa o depositario de una sabiduría arcana según lecturas más tardías, Pitágoras aparece con frecuencia envuelto en un aura que oscila entre la admiración acrítica y la sospecha historiográfica. Sin embargo, más allá de la dificultad —bien conocida— de reconstruir con precisión su biografía, resulta innegable que en torno a su nombre se articuló uno de los proyectos intelectuales y humanos más influyentes de la Antigüedad. En este sentido, Pitágoras debe ser entendido simultáneamente como una figura fundacional y como un problema historiográfico: un nombre propio que concentra prácticas, enseñanzas y desarrollos colectivos que no pueden atribuirse sin más a un solo individuo histórico.

Pitágoras no fue sólo un pensador aislado ni un descubridor de teoremas. Lo que emerge de las fuentes antiguas, pese a su fragmentariedad y a su carácter tardío, es la existencia de una comunidad organizada que entendía el conocimiento como una forma de vida. En las ciudades de la Magna Grecia, especialmente en Crotona, esa comunidad desarrolló una experiencia colectiva en la que la matemática, la música, la ética, la educación del carácter y la disciplina cotidiana formaban un entramado coherente. El saber no era concebido como acumulación de información ni como ejercicio puramente teórico, sino como un camino de ordenamiento interior y de armonización con el cosmos.

Desde muy temprano, la tradición distinguió entre distintos grados de pertenencia y de acceso al conocimiento dentro de esa comunidad.

No todos los miembros participaban del mismo modo ni recibían las mismas enseñanzas. Entre esas distinciones aparece la figura de los Matematikoí, aquellos que se dedicaban al estudio profundo del número, la proporción y las estructuras racionales de la realidad. Lejos de reducirse a especialistas técnicos, los Matematikoí encarnaban un ideal humano específico: el del individuo que busca comprender el orden del mundo para conformar su propia vida de acuerdo con la medida, la armonía y el autocontrol. La escuela pitagórica, en este sentido, no sólo se organiza en torno a la figura de su fundador, sino que la precede como horizonte cultural y la supera en su desarrollo histórico, convirtiéndose en una tradición viva que trasciende al individuo que le dio nombre.

Este libro parte de ese horizonte, pero no se propone reconstruir la vida de Pitágoras ni narrar cronológicamente la historia de su escuela. Tampoco pretende presentar una historia exhaustiva del pitagorismo en todas sus manifestaciones ni ofrecer una genealogía directa entre la Antigüedad y tradiciones posteriores. Su objetivo es más preciso: comprender el proyecto intelectual y moral que se articuló en torno a los Matematikoí, analizando cómo el número, la música, la cosmología y la ética formaban un sistema orientado a la transformación del ser humano.

Desde esta perspectiva, Pitágoras funciona aquí como punto de partida y como marco, no como objeto exclusivo de estudio. Su figura permite situar el nacimiento de una forma de vida en la que el conocimiento y la disciplina interior se hallan inseparablemente unidos. A partir de ese marco, la obra se adentra en los problemas de definición, fuentes y método; examina la vida comunitaria y la educación; analiza el núcleo doctrinal del número, la música y el orden del cosmos; y aborda finalmente las tensiones, el declive histórico del proyecto y su recepción posterior.

Comprender a los Matematikoí exige, desde el inicio, una actitud doble: atención a las fuentes y conciencia de sus límites. La tradición pitagórica no se deja reducir ni a una leyenda edificante ni a un antecedente ingenuo de la ciencia moderna. Es, ante todo, un intento histórico de articular conocimiento, ética y forma de vida en una unidad coherente. Esta introducción busca ofrecer al lector el marco necesario para situar ese intento, antes de ingresar en el análisis crítico que se desarrollará en las páginas siguientes.

Con este horizonte establecido, el lector está ahora en condiciones de avanzar hacia la introducción metodológica y, a continuación, adentrarse en el estudio del problema del nombre, de las fuentes disponibles y de los criterios que permiten distinguir, dentro de la tradición pitagórica, entre historia documentable, elaboración simbólica y recepción posterior.

INTRODUCCIÓN METODOLÓGICA

Enfoque, límites y propósito de la obra

A lo largo de la historia del pensamiento occidental, pocas tradiciones han ejercido una influencia tan profunda y, al mismo tiempo, tan persistentemente mal comprendida como la tradición pitagórica. Asociada con frecuencia a fórmulas simplificadas —como la afirmación de que "todo es número"— o envuelta en un halo de misterio y leyenda, esta corriente ha sido abordada muchas veces desde perspectivas parciales: unas veces como un antecedente de la matemática científica, otras como una escuela mística, y otras como una curiosidad filosófica de la Antigüedad. Sin embargo, raramente se ha intentado comprenderla como un proyecto humano integral, en el que el número, la música, la ética, la disciplina comunitaria y la purificación del alma forman un sistema coherente.

Dentro de ese universo pitagórico, las fuentes antiguas distinguen entre distintos modos de pertenencia y de acceso al conocimiento. Entre ellos se encuentra la figura de los Matematikoí (μαθηματικοί), aquellos miembros de la comunidad pitagórica que se dedicaban al estudio profundo del número, la proporción y el orden racional del cosmos, no como un ejercicio puramente abstracto, sino como un camino de transformación interior. Este libro se centra precisamente en esa figura: no como un mito idealizado ni como una construcción esotérica moderna, sino como un modelo intelectual y espiritual que buscó comprender la estructura del mundo y, al mismo tiempo, conformar la vida humana de acuerdo con los principios de armonía y medida.

El propósito de esta obra no es presentar una historia exhaustiva del pitagorismo en general, ni ofrecer un tratado técnico de matemática antigua, ni elaborar una interpretación simbólica desligada de las fuentes. Su objetivo es más preciso y, a la vez, más ambicioso: reconstruir, hasta donde lo permiten los testimonios conservados, la visión del mundo que animó a los Matematikoí, mostrando cómo el estudio del número, la música y la proporción se articulaba con una ética del autocontrol, una concepción del alma como realidad perfectible y una forma de vida orientada a la armonía interior.

Para ello, el libro adopta un enfoque deliberadamente equilibrado. Por un lado, se apoya en fuentes antiguas y estudios académicos sólidos, citados con moderación y sólo cuando resulta necesario para anclar una idea fundamental. Por otro, reconoce explícitamente los límites del conocimiento histórico: cuando una afirmación no puede formularse como cita literal, se presenta como paráfrasis o interpretación razonada, sin atribuciones dudosas ni afirmaciones gratuitas. Este método busca ofrecer un texto fluido y accesible, sin renunciar al rigor ni a la verificabilidad.

El recorrido propuesto avanza desde los problemas de definición y de fuentes, pasando por la vida comunitaria y la educación, hasta el núcleo doctrinal del número, la música y la cosmología. A partir de ahí, se examinan las tensiones internas del pensamiento pitagórico —como la crisis de lo inconmensurable—, su fracaso histórico como proyecto político y su posterior recepción en la filosofía antigua, medieval y moderna. Finalmente, se ofrece una lectura comparada que permite apreciar la vigencia del ideal del Matematikoí como figura del ser humano que busca el orden interior mediante el conocimiento, la disciplina y la armonía, sin forzar genealogías ni caer en anacronismos.

GUÍA DE LECTURA

La presente obra ofrece un estudio histórico, filosófico y cultural del fenómeno de los ***mathematikoí***, abordado como una forma integral de vida intelectual y moral en la Antigüedad. El objetivo del libro no es reconstruir una escuela matemática en sentido moderno, ni elaborar una doctrina esotérica retrospectiva, sino analizar un programa de formación humana en el que número, conocimiento, disciplina y ética aparecen profundamente integrados.

Desde sus primeras páginas, el lector encontrará una advertencia metodológica implícita: el mundo de los *mathematikoí* nos llega a través de fuentes fragmentarias, testimonios indirectos y tradiciones posteriores. Por ello, el libro distingue cuidadosamente entre evidencia histórica, reconstrucción razonada e interpretación simbólica, evitando tanto el positivismo reductivo como la proyección anacrónica de categorías modernas.

La **PARTE I** introduce el problema fundamental del nombre, las fuentes y el método. Estos capítulos establecen el marco crítico indispensable para todo el desarrollo posterior. Se recomienda una lectura atenta de esta sección, ya que en ella se explicitan los límites del conocimiento histórico disponible y los criterios utilizados para separar tradición, leyenda y evidencia documentada.

La **PARTE II** se centra en la comunidad *mathematikoí* como forma de vida organizada. Aquí se analizan la pertenencia, la disciplina cotidiana, la educación integral y la función del cuerpo como instrumento de armonía. Esta sección permite comprender que el saber no era concebido como acumulación de información, sino como transformación del individuo mediante hábitos, reglas y práctica constante.

La **PARTE III** aborda las concepciones del alma, el conocimiento y la ética. El lector encontrará en estos capítulos la dimensión moral del proyecto *mathematikoí*, donde el saber se entiende como vía de purificación y la vida buena como resultado de la medida, el autocontrol y la justicia interior.

La **PARTE IV** constituye el núcleo doctrinal del libro. Aquí se examinan las concepciones del número, el orden del cosmos, la geometría y las consecuencias filosóficas del descubrimiento de lo inconmensurable. Esta sección debe leerse con especial atención, ya que muestra que el famoso principio "todo es número" no es una consigna simplista, sino una concepción compleja del orden de la realidad y de los límites del conocimiento humano.

La **PARTE V** desarrolla la relación entre música, armonía y alma, entendiendo la música como matemática audible y como instrumento de formación del carácter. Estos capítulos muestran cómo percepción, proporción y sensibilidad forman parte del mismo proyecto educativo.

La **PARTE VI** sitúa a los *mathematikoí* dentro del panorama más amplio de la ciencia antigua, analizando su visión del cosmos, la naturaleza y la explicación racional del mundo. Esta sección permite comprender el alcance histórico del programa *mathematikoí* como una síntesis temprana entre ciencia, filosofía y ética.

La **PARTE VII** introduce una reflexión clave sobre el lenguaje, el símbolo y el silencio. El lector encontrará aquí una reflexión profunda sobre los límites del discurso, la función del símbolo y el valor del silencio como forma legítima de transmisión del saber.

La **PARTE VIII** examina los conflictos políticos, la violencia, el declive del proyecto *mathematikoí* y su recepción posterior en Platón, Aristóteles y corrientes filosóficas subsiguientes. Estos capítulos evitan toda idealización ingenua y muestran las tensiones reales entre conocimiento, poder y sociedad.

Finalmente, la **PARTE IX** propone una lectura comparada y actualizada del ideal *mathematikoí*. Se analizan sus resonancias simbólicas modernas —incluida su comparación con la francmasonería, estableciendo límites claros— y se ofrecen criterios para una lectura contemporánea libre de anacronismos, subrayando la vigencia del ideal de formación integral sin falsificar su contexto histórico.

El lector puede recorrer la obra de manera lineal para captar la coherencia completa del ***proyecto mathematikoí***, o bien consultar secciones específicas según su interés filosófico, científico o simbólico, teniendo siempre presente que el sentido pleno del análisis surge del conjunto y del respeto a las distinciones metodológicas establecidas desde el inicio.

PARTE I

NOMBRE, FUENTES Y PROBLEMA HISTÓRICO

CAPÍTULO I

El problema del nombre: Matematikoí, pitagóricos y akousmatikoí

Uno de los primeros obstáculos para comprender con rigor la tradición pitagórica es el problema del lenguaje. Los términos con los que hoy se designa a sus miembros —«pitagóricos», «matemáticos», «místicos», incluso «filósofos»— no siempre coinciden con las distinciones internas que aparecen en las fuentes antiguas. En particular, la figura de los Mathematikoí (μαθηματικοί) sólo puede entenderse correctamente si se la sitúa dentro de una tipología más amplia, transmitida de forma fragmentaria y, en muchos casos, tardía. Este capítulo tiene como objetivo aclarar ese marco terminológico, no como una cuestión meramente filológica, sino como una condición necesaria para evitar anacronismos y malentendidos conceptuales a lo largo de todo el libro.

Las fuentes antiguas coinciden en señalar que, dentro del movimiento pitagórico, no todos los miembros tenían el mismo grado de acceso al conocimiento ni la misma forma de relación con la enseñanza. Ya en la Antigüedad se alude a una distinción fundamental entre aquellos que se dedicaban al estudio racional del número y de la proporción, y aquellos cuya formación se basaba principalmente en preceptos transmitidos de manera oral y simbólica. Esta diferenciación aparece formulada con mayor claridad en la tradición neopitagórica y neoplatónica, especialmente en los testimonios que distinguen entre Mathematikoí y Akousmatikoí (ἀκουσματικοί), los «oyentes».

Los Mathematikoí eran considerados los miembros que accedían al núcleo racional del saber pitagórico. Su formación se centraba en el estudio del número (arithmós), la proporción (lógos entendido como relación), la geometría y la armonía musical, concebidas no como disciplinas técnicas aisladas, sino como vías de comprensión del orden del cosmos. En las fuentes antiguas, el número aparece asociado de manera recurrente tanto a la estructura del mundo como a la forma de vida, lo que permite comprender este saber como inseparable de una disciplina ética y de una concepción ordenada de la existencia. El conocimiento matemático no se presenta como un fin autónomo, sino como un medio para captar la estructura inteligible de la realidad y para conformar la vida de acuerdo con ese orden.

Por contraste, los Akousmatikoí se formaban principalmente a través de akousmata, es decir, sentencias breves, reglas de conducta y prescripciones simbólicas cuya justificación no siempre se explicitaba de manera racional. Su aprendizaje estaba más ligado a la observancia de normas, al valor del silencio y a la aceptación de una autoridad doctrinal, mientras que el acceso al razonamiento matemático sistemático quedaba reservado a los Mathematikoí. Esta distinción no implica una jerarquía moral en sentido moderno, pero sí señala una diferencia clara en el tipo de relación con el conocimiento y en el modo de transmisión de la enseñanza.

El término «pitagóricos», utilizado de manera genérica tanto por autores antiguos como por la historiografía moderna, tiende a borrar estas diferencias internas. Cuando Aristóteles se refiere a «los llamados pitagóricos», lo hace principalmente para analizar sus concepciones sobre el número como principio de las cosas, sin detenerse en la organización pedagógica o comunitaria del grupo.[1] Esta generalización ha contribuido, a lo largo de los siglos, a una imagen homogénea del pitagorismo que no refleja la complejidad real de sus prácticas ni la diversidad de niveles de iniciación documentados en otras fuentes.

Las biografías tardías de Pitágoras, especialmente las de Porfirio y Jámblico, ofrecen un testimonio más explícito sobre esta estructura interna. Aunque escritas varios siglos después de los hechos y marcadas por una elaboración idealizante, estas obras conservan tradiciones que distinguen entre distintos tipos de discípulos y diferentes formas de acceso al saber.[23] Su valor histórico no reside en una descripción directa de la comunidad pitagórica arcaica, sino en el modo en que sistematizan y transmiten una comprensión tradicional de la enseñanza pitagórica, tal como fue interpretada en contextos filosóficos posteriores.

En este libro, el uso del término Mathematikoí no pretende fijar una etiqueta rígida ni reconstruir una institución perfectamente delimitada. Se emplea como una categoría analítica que permite identificar un ideal humano y pedagógico: el del individuo que busca comprender el orden del mundo a través del número y que concibe ese conocimiento como inseparable de una disciplina ética y de una transformación interior. Esta elección terminológica permite, además, diferenciar con mayor precisión entre el estudio racional del número y otras formas de transmisión simbólica o normativa presentes en el mismo entorno pitagórico.

Aclarar el significado y el alcance del término Mathematikoí desde el inicio no constituye un ejercicio preliminar sin consecuencias. De esta distinción dependen la correcta interpretación de la teoría de los números, la función de la música, la concepción del alma y el papel de la educación dentro del pensamiento pitagórico. Sólo evitando la confusión entre categorías antiguas y nociones modernas —como la identificación automática entre mathematikós y «matemático» en sentido contemporáneo— es posible reconstruir con fidelidad el horizonte intelectual y espiritual en el que se movieron los Mathematikoí.

Notas

1. Aristóteles, Metafísica, A, 5, 985b23–986a2 (numeración Bekker), ed. W. D. Ross, Aristotelis Metaphysica, Oxford Classical Texts, Oxford, 1924; trad. esp. Valentín García Yebra, Gredos, Madrid.
2. Porfirio, Vita Pythagorae, §§ 18–19, ed. É. des Places, Les Belles Lettres, París, 1982.
3. Jámblico, De vita Pythagorica, §§ 80–82, ed. J. Dillon y J. Hershbell, Society of Biblical Literature, Atlanta, 1991.

CAPÍTULO II

Qué sabemos y cómo lo sabemos: fuentes, fragmentos y doxografía

Comprender a los Mathematikoí exige, antes que nada, un ejercicio de honestidad intelectual respecto a las fuentes disponibles. A diferencia de otras escuelas filosóficas de la Antigüedad, el pitagorismo no ha legado tratados doctrinales firmados por sus primeros miembros ni exposiciones sistemáticas redactadas en el período de su formación inicial. Lo que se conoce sobre los Mathematikoí procede, en su mayor parte, de testimonios indirectos, fragmentarios y, con frecuencia, tardíos. Este hecho condiciona de manera decisiva cualquier intento de reconstrucción histórica y obliga a adoptar un método crítico riguroso, consciente de los límites de la evidencia conservada.

Las fuentes antiguas pueden agruparse, de manera general, en tres grandes conjuntos. En primer lugar, se encuentran los testimonios filosóficos clásicos, especialmente aquellos de autores que analizaron críticamente el pitagorismo o incorporaron algunos de sus elementos a sistemas filosóficos más amplios. En segundo lugar, los relatos doxográficos y biográficos tardíos, que intentan preservar la memoria de la comunidad pitagórica desde contextos culturales y filosóficos posteriores. En tercer lugar, las referencias indirectas al pensamiento pitagórico presentes en tradiciones matemáticas, musicales y cosmológicas, que no siempre mencionan explícitamente a los Mathematikoí, pero que reflejan la influencia de su concepción del número y del orden del cosmos.

Entre las fuentes filosóficas tempranas, la obra de Aristóteles ocupa un lugar central. En diversos pasajes de la Metafísica, Aristóteles analiza críticamente las doctrinas atribuidas a los pitagóricos, en particular la concepción del número como principio de las cosas.[1] Su testimonio resulta especialmente valioso porque no responde a un interés biográfico ni edificante, sino a una preocupación estrictamente filosófica por los fundamentos de estas doctrinas y sus implicaciones teóricas. Al mismo tiempo, su enfoque presenta límites claros: Aristóteles se refiere a «los llamados pitagóricos» como un conjunto relativamente homogéneo, sin atender a las distinciones internas documentadas en otras tradiciones, y privilegia el análisis doctrinal por encima de la forma de vida y de la organización pedagógica del grupo. Su testimonio es, por ello, indispensable, pero no suficiente por sí solo.

Un segundo conjunto de fuentes lo constituyen los autores neoplatónicos de los siglos III y IV d. C., en particular Porfirio y Jámblico. Sus biografías de Pitágoras y sus descripciones de la vida pitagórica ofrecen el testimonio más detallado sobre la organización comunitaria, los grados de enseñanza y la disciplina interna del grupo.[23] En estos textos aparece formulada de manera explícita la distinción entre Mathematikoí y Akousmatikoí, así como la asociación entre el estudio del número, la música y un proceso de formación moral y del alma. Estas obras permiten acceder a una imagen más articulada de la vida pitagórica, aunque desde una perspectiva históricamente mediada.

El valor de estas fuentes tardías va acompañado, sin embargo, de un problema metodológico evidente. Se trata de obras redactadas varios siglos después de los orígenes del pitagorismo, en un contexto en el que esta tradición ya había sido reinterpretada a la luz del platonismo y del neoplatonismo. Esto no las invalida como fuentes, pero obliga a leerlas con cautela crítica. Muchas de las prácticas y doctrinas que describen pueden reflejar procesos de sistematización, idealización o reinterpretación posteriores. Por esta razón, en este estudio estos textos se utilizan no como crónicas directas de los orígenes, sino como testimonios de cómo la tradición pitagórica fue comprendida, organizada y transmitida en épocas posteriores.

Un tercer nivel de evidencia lo constituyen los fragmentos y referencias indirectas dispersos en la literatura antigua. En estos casos, el pensamiento pitagórico aparece integrado en discusiones sobre matemática, música, cosmología o ética, sin que siempre sea posible identificar con precisión su procedencia o su contexto original. La reconstrucción del horizonte intelectual de los Mathematikoí a partir de este material exige un trabajo comparativo cuidadoso, atento a las diferencias de enfoque y a las posibles transformaciones doctrinales a lo largo del tiempo. La imagen de una escuela perfectamente homogénea debe ser abandonada en favor de un modelo más dinámico, en el que pudieron coexistir distintas interpretaciones y énfasis dentro de una tradición compartida.

De este análisis se desprende una conclusión metodológica fundamental: no es posible tratar a los Mathematikoí como si constituyeran una doctrina cerrada y sistemática comparable a un tratado filosófico moderno. Lo que puede reconstruirse es, más bien, un horizonte intelectual común, articulado en torno a ciertas convicciones centrales —la primacía del número, la inteligibilidad del cosmos y la relación entre conocimiento y forma de vida—, expresadas de manera diversa según el contexto, la época y el grado de acceso al saber.

Este enfoque no debilita el estudio del pitagorismo, sino que lo refuerza. Al reconocer los límites de la evidencia disponible y al evitar reconstrucciones excesivamente precisas allí donde las fuentes no las sostienen, se preserva la credibilidad del análisis y se crea un marco más sólido para comprender cómo el número, la música y la disciplina del conocimiento pudieron constituirse, en la Antigüedad, como una auténtica forma de vida.

Notas

1. Aristóteles, Metafísica, A, 5, 985b23–986a2 (numeración Bekker), ed. W. D. Ross, Aristotelis Metaphysica, Oxford Classical Texts, Oxford, 1924; trad. esp. Valentín García Yebra, Metafísica, Gredos, Madrid.
2. Porfirio, Vita Pythagorae, §§ 18–19, ed. É. des Places, Les Belles Lettres, París, 1982.
3. Jámblico, De vita Pythagorica, §§ 80–82, ed. J. Dillon y J. Hershbell, Society of Biblical Literature, Atlanta, 1991.

CAPÍTULO III

Historia y leyenda: método para separar tradición, símbolo y evidencia

Toda investigación sobre los Mathematikoí se enfrenta, tarde o temprano, a un problema recurrente: la superposición constante entre historia y leyenda. Desde época antigua, la figura de Pitágoras y la comunidad que se formó en torno a su enseñanza quedaron envueltas en relatos extraordinarios, anécdotas edificantes y atribuciones simbólicas que, aunque reveladoras del impacto cultural del pitagorismo, dificultan una reconstrucción histórica rigurosa. Este capítulo no pretende "desmitificar" a los Mathematikoí, sino establecer un método claro para distinguir entre lo que puede afirmarse con fundamento histórico, lo que pertenece al ámbito simbólico y lo que debe considerarse elaboración tardía.

El primer paso consiste en reconocer que la tradición pitagórica fue, desde sus orígenes, eminentemente oral y comunitaria. La ausencia de escritos doctrinales tempranos favoreció la aparición de relatos ejemplares que cumplían una función pedagógica más que historiográfica. En este contexto, la figura de Pitágoras se convirtió en un modelo de sabio cuya vida encarnaba las enseñanzas atribuidas a la comunidad. La biografía, en sentido antiguo, no buscaba tanto registrar hechos verificables como transmitir un ideal de vida, y esta finalidad explica la abundancia de episodios maravillosos asociados a su nombre.

Autores clásicos como Aristóteles adoptaron una actitud marcadamente distinta frente a este material. Cuando Aristóteles menciona a los pitagóricos, lo hace con un interés estrictamente filosófico: le importa analizar sus principios teóricos, no narrar prodigios ni describir rituales.[1] Esta diferencia de enfoque resulta fundamental para el método adoptado en este libro. Allí donde

Aristóteles discute conceptos —como el número entendido como principio de las cosas— nos encontramos ante un nivel de evidencia doctrinal relativamente sólido. Allí donde las fuentes se concentran en episodios extraordinarios, el análisis debe desplazarse del plano histórico al simbólico.

Las biografías tardías, especialmente las de Porfirio y Jámblico, ocupan un lugar intermedio entre historia y leyenda. Por un lado, preservan tradiciones antiguas que no aparecen en las fuentes filosóficas clásicas; por otro, reinterpretan esas tradiciones a la luz de categorías neoplatónicas, presentando a Pitágoras y a los Mathematikoí como precursores de una espiritualidad filosófica ya plenamente desarrollada en su propio tiempo.[23] Estas obras no pueden leerse como crónicas directas de los orígenes, pero tampoco deben ser descartadas sin más. Su valor reside en mostrar cómo la comunidad pitagórica fue comprendida, idealizada y sistematizada en la Antigüedad tardía.

A partir de estas consideraciones, el método adoptado en este libro se apoya en una triple distinción claramente delimitada. En primer lugar, se consideran históricamente fundadas aquellas afirmaciones respaldadas por testimonios convergentes de autores tempranos o por análisis filosóficos críticos, como los de Aristóteles. En segundo lugar, se identifican como tradición simbólica aquellos relatos que, aun careciendo de verificación histórica directa, expresan valores, ideales o estructuras internas de la comunidad pitagórica, y que resultan indispensables para comprender su autoimagen y su forma de vida. En tercer lugar, se señalan como elaboraciones tardías aquellas interpretaciones que reflejan categorías conceptuales posteriores, evitando atribuirlas de manera acrítica a los Mathematikoí originales.

Este enfoque permite evitar dos extremos igualmente problemáticos. Por un lado, la aceptación ingenua de todos los relatos antiguos como hechos históricos conduce a una visión acrítica y difícilmente defendible del pitagorismo. Por otro, una actitud excesivamente escéptica, que descarta todo elemento no verificable, empobrece la comprensión de una tradición cuya identidad se construyó precisamente en la intersección entre conocimiento racional, símbolo y forma de vida. Reconocer el valor diferenciado de cada tipo de fuente no debilita el análisis, sino que lo vuelve más preciso y metodológicamente sólido.

Aplicar este método tiene consecuencias directas para el estudio de los Mathematikoí. Permite comprender que su importancia histórica no depende de la literalidad de los relatos sobre su fundador, sino de la coherencia interna de un proyecto intelectual que vinculó el estudio del número, la música y el cosmos con una ética de la medida y una disciplina del alma. En este contexto, la leyenda no sustituye a la historia, pero la acompaña como expresión simbólica de un ideal que influyó de manera profunda y duradera en la tradición filosófica occidental. Esta interpretación debe entenderse como una lectura sintética apoyada en el conjunto de las fuentes, y no como la atribución literal de una doctrina formulada explícitamente en los textos antiguos conservados.

En los capítulos siguientes, esta distinción metodológica se mantendrá de manera constante. Cada vez que una afirmación repose en un testimonio directo, se indicará con claridad; cuando se trate de una paráfrasis razonada o de una lectura simbólica, se señalará explícitamente como tal. De este modo, el lector podrá seguir el desarrollo del argumento con plena conciencia de los límites y alcances de cada afirmación, sin confundir evidencia histórica con elaboración interpretativa.

Notas

1. Aristóteles, Metafísica, A, 5, 985b23–986a2 (numeración Bekker), ed. W. D. Ross, Aristotelis Metaphysica, Oxford Classical Texts, Oxford, 1924; trad. esp. Valentín García Yebra, Metafísica, Gredos, Madrid.
2. Porfirio, Vita Pythagorae, §§ 1–5, ed. É. des Places, Les Belles Lettres, París, 1982.
3. Jámblico, De vita Pythagorica, §§ 2–6, ed. J. Dillon y J. Hershbell, Society of Biblical Literature, Atlanta, 1991.

CAPÍTULO IV

Tiempo y lugar: Magna Grecia, ciudad, política y contexto social

Comprender a los Mathematikoí exige situarlos con precisión en un tiempo y en un espacio concretos. El pitagorismo no surge en un vacío abstracto ni en una Atenas filosófica idealizada, sino en el marco específico de las ciudades griegas del sur de Italia, en la región conocida en la Antigüedad como Magna Grecia. Este contexto geográfico y político resulta decisivo para entender tanto la forma comunitaria del movimiento como las tensiones que finalmente condujeron a su declive.

Entre los siglos VI y V a. C., las ciudades de Magna Grecia —como Crotona, Síbaris o Tarento— atravesaban un período de intensa transformación. Eran centros prósperos, marcados por el comercio, la expansión colonial y una vida política inestable, en la que las luchas entre facciones aristocráticas y tendencias más amplias de participación ciudadana generaban conflictos recurrentes. En este entorno, la aparición de comunidades organizadas en torno a un ideal ético e intelectual fuerte no era excepcional, pero sí particularmente delicada desde el punto de vista político.

La comunidad pitagórica, y dentro de ella el grupo de los Mathematikoí, no se definía únicamente por una afinidad doctrinal, sino también por una forma de vida compartida. La disciplina interna, el carácter selectivo del acceso al conocimiento y la cohesión del grupo conferían a la comunidad una identidad claramente diferenciada del resto de la ciudad. Esta cohesión, que desde dentro podía interpretarse como garantía de orden y armonía, desde fuera podía ser percibida como la existencia de un poder cerrado, potencialmente influyente en los asuntos públicos.

Las fuentes antiguas sugieren que los pitagóricos —sin distinguir siempre entre Mathematikoí y otros miembros de la comunidad—

participaron activamente en la vida política de algunas ciudades. Esta participación no respondía necesariamente a un programa ideológico uniforme, pero parecía inspirarse en una concepción del orden social basada en la medida, la jerarquía funcional y la armonía entre las partes. Desde una perspectiva moderna, puede hablarse de una ética política que buscaba trasladar al ámbito de la polis el mismo principio de orden que los Mathematikoí identificaban en el cosmos y en el número. Esta interpretación constituye una paráfrasis analítica, apoyada en la coherencia general entre doctrina cosmológica y forma de vida que las fuentes permiten reconstruir, sin atribuirla como formulación literal a los textos antiguos.

Autores clásicos como Aristóteles aluden indirectamente a estas tensiones cuando describen la relación entre las formas de organización política y determinadas concepciones filosóficas del orden.[1] Aunque Aristóteles no ofrece un relato histórico detallado de los conflictos pitagóricos en Magna Grecia, su análisis de las constituciones y de los equilibrios sociales permite comprender por qué una comunidad cerrada, disciplinada y basada en un saber especializado podía convertirse en objeto de sospecha o rechazo en un contexto de fuerte competencia política.

Las biografías tardías de Pitágoras, especialmente en Jámblico, mencionan de manera más explícita episodios de persecución, destrucción de casas comunitarias y dispersión de los miembros del grupo.[2] Estos relatos, aun cuando deben leerse con cautela crítica, coinciden en señalar que el pitagorismo no fue desplazado por una refutación intelectual, sino por un conflicto social y político. El ideal de vida que proponían los Mathematikoí resultó difícil de sostener en un entorno urbano marcado por rivalidades internas, cambios de régimen y desconfianza hacia asociaciones percibidas como cerradas o elitistas.

Este contexto permite comprender un aspecto fundamental del proyecto matematikoí: su fragilidad histórica no fue consecuencia de una debilidad doctrinal, sino de la tensión entre un ideal de orden interior y un mundo político profundamente inestable. La aspiración a vivir conforme a principios de armonía, medida y conocimiento racional chocó con dinámicas sociales que no siempre estaban dispuestas a tolerar formas de organización percibidas como exclusivas.

Situar a los Mathematikoí en el marco de Magna Grecia permite, además, evitar una lectura anacrónica del pitagorismo como una escuela puramente "filosófica" en sentido académico moderno. Se trató, más bien, de un intento de articular conocimiento, ética y vida comunitaria en un contexto histórico concreto, con todas las posibilidades y límites que ese contexto imponía. La comprensión de este entorno resulta indispensable para abordar, en los capítulos siguientes, la estructura interna de la comunidad y la disciplina que daba forma a la vida de los Mathematikoí.

Notas

1. Aristóteles, Política, II, 6, 1265a–1266a (numeración Bekker), ed. W. D. Ross, Aristotelis Politica, Oxford Classical Texts, Oxford, 1957; trad. esp. Julián Marías y María Araujo, Política, Centro de Estudios Constitucionales, Madrid.
2. Jámblico, De vita Pythagorica, §§ 248–251, ed. J. Dillon y J. Hershbell, Society of Biblical Literature, Atlanta, 1991.

PARTE II

LA COMUNIDAD Y SU FORMA DE VIDA

CAPÍTULO V

Comunidad, pertenencia y grados de acceso al saber

Uno de los rasgos más distintivos del proyecto pitagórico, y particularmente del ideal de los Mathematikoí, fue su carácter comunitario. El conocimiento no se concebía como una acumulación individual de saberes, sino como un proceso que se desarrollaba dentro de una forma de vida compartida. La pertenencia a la comunidad no era un dato secundario, sino una condición esencial para el acceso al conocimiento y para la transformación interior que ese conocimiento implicaba.

Las fuentes antiguas sugieren que el ingreso a la comunidad pitagórica estaba sujeto a un proceso de selección y prueba. No todos los aspirantes eran admitidos, y quienes lo eran no accedían de inmediato al núcleo del saber. Este rasgo ha sido interpretado en ocasiones como una manifestación de elitismo intelectual; sin embargo, resulta más adecuado entenderlo como una consecuencia de la concepción pitagórica del conocimiento como disciplina del alma. El aprendizaje exigía una disposición ética previa: dominio de sí, capacidad de silencio y aceptación de una autoridad pedagógica.

En este contexto, la distinción entre Mathematikoí y Akousmatikoí adquiere un significado preciso. Los Akousmatikoí participaban de la comunidad mediante la observancia de normas, la escucha de sentencias y la práctica de una forma de vida regulada por preceptos simbólicos. Los Mathematikoí, en cambio, accedían a un nivel de formación en el que el conocimiento racional del número, de la proporción y de la armonía se convertía en el eje del aprendizaje. Esta diferenciación no implicaba una ruptura dentro del grupo, sino una gradación pedagógica: distintos modos de pertenecer correspondían a distintos modos de aprender.

Las descripciones más detalladas de esta estructura proceden de autores tardíos como Jámblico, quien presenta la comunidad pitagórica como un espacio cuidadosamente organizado, con reglas claras de convivencia, enseñanza progresiva y responsabilidad compartida.[1] Aunque estas descripciones reflejan, en parte, una idealización propia del neoplatonismo, coinciden con otros testimonios en subrayar la centralidad de la comunidad como medio de formación integral. El saber no se transmitía de manera aislada, sino encarnado en prácticas, hábitos y relaciones humanas.

La pertenencia a la comunidad implicaba, además, una forma específica de relación con el conocimiento. Para los Mathematikoí, estudiar no significaba únicamente resolver problemas o contemplar abstracciones, sino aprender a vivir conforme a un orden inteligible. El número y la proporción funcionaban como modelos de equilibrio que debían reflejarse tanto en el pensamiento como en la conducta. Esta concepción explica por qué el acceso al saber estaba ligado a la observancia de una disciplina: sin una vida ordenada, el conocimiento carecía de su función transformadora.

Desde una perspectiva externa, esta forma de organización podía resultar problemática. La cohesión interna, el carácter selectivo del acceso al saber y la autoridad reconocida dentro del grupo contribuían a una imagen de comunidad cerrada, difícil de integrar en la dinámica abierta de la polis. Autores como Aristóteles observan con atención crítica las asociaciones que, por su estructura interna, podían ejercer una influencia desproporcionada en la vida política de la ciudad.[2] Aunque Aristóteles no se detiene específicamente en la pedagogía pitagórica, su análisis de las comunidades cerradas ayuda a comprender el trasfondo de sospecha que rodeó al pitagorismo en determinados contextos históricos.

El modelo comunitario de los Mathematikoí revela, en última instancia, una concepción exigente del conocimiento. Saber no era simplemente conocer algo, sino convertirse en alguien distinto. La comunidad funcionaba como un marco de corrección mutua, de transmisión gradual y de vigilancia ética, orientado a formar individuos capaces de comprender el orden del cosmos y de reproducirlo en su propia vida. Esta idea, presente de manera transversal en la tradición pitagórica, será decisiva para comprender la relación entre conocimiento, purificación del alma y ética, temas que se desarrollarán en los capítulos siguientes.

Notas

1. Jámblico, De vita Pythagorica, §§ 71–75, ed. J. Dillon y J. Hershbell, Iamblichus: On the Pythagorean Way of Life, Society of Biblical Literature, Atlanta, 1991.
2. Aristóteles, Política, III, 9, 1280a–1281a (numeración Bekker), ed. W. D. Ross, Aristotelis Politica, Oxford Classical Texts, Oxford, 1957; trad. esp. Julián Marías y María Araujo, Política, Centro de Estudios Constitucionales, Madrid.

CAPÍTULO VI

Disciplina cotidiana: hábitos, reglas, silencio y purificación

La vida de los Mathematikoí no puede comprenderse si se separa el estudio del número de la disciplina cotidiana que lo sostenía. En la tradición pitagórica, el conocimiento no se concebía como un acto ocasional de contemplación intelectual, sino como el resultado de una práctica constante que implicaba hábitos, reglas de conducta y un riguroso control de la palabra. La disciplina diaria constituía el marco indispensable para que el estudio produjera efectos reales sobre el carácter y el alma.

Las fuentes antiguas describen un conjunto de prácticas orientadas a ordenar la vida del discípulo. Entre ellas destaca el valor atribuido al silencio, no como negación del pensamiento, sino como condición para su maduración. El silencio permitía contener la dispersión, ejercitar la atención y preparar al individuo para una escucha más profunda del orden racional que los Mathematikoí buscaban captar en el número y en la armonía. Esta concepción del silencio no debe entenderse de forma literalista, sino como una disciplina del lenguaje: aprender cuándo hablar y cuándo callar formaba parte esencial del aprendizaje.

Autores como Jámblico presentan el silencio como una etapa pedagógica inicial, destinada a fortalecer el dominio de sí y a crear una disposición interior adecuada para el estudio.[1] Aunque estas descripciones pertenecen a un período tardío, reflejan una convicción ampliamente compartida en la Antigüedad: la palabra desordenada es incompatible con el pensamiento ordenado. Desde esta perspectiva, la restricción del habla no era un fin en sí mismo, sino un medio para cultivar una relación más consciente con el conocimiento.

Junto al silencio, la observancia de reglas de conducta desempeñaba un papel central. Estas reglas —a menudo transmitidas en forma de sentencias breves— regulaban aspectos diversos de la vida cotidiana, desde la alimentación hasta las relaciones interpersonales. Más allá de su literalidad, estas prescripciones apuntaban a un objetivo común: establecer un ritmo de vida marcado por la medida y la regularidad. La repetición de hábitos ordenados creaba un entorno en el que el estudio del número podía integrarse de manera orgánica en la existencia diaria.

Desde un punto de vista filosófico, esta disciplina cotidiana se relaciona con la idea de purificación. Para los Mathematikoí, el alma no se purificaba mediante rituales externos aislados, sino a través de una transformación progresiva del modo de vivir y de pensar. El control de los impulsos, la atención al orden y la interiorización de la medida constituían un proceso continuo, inseparable del aprendizaje. Esta interpretación constituye una paráfrasis razonada, apoyada en la coherencia general entre ética y conocimiento que atraviesa los testimonios pitagóricos, sin atribuirse como formulación literal a los textos conservados.

En este sentido, resulta iluminador el contraste con la reflexión de Aristóteles sobre la formación del carácter. En la Ética a Nicómaco, Aristóteles subraya que la virtud se adquiere mediante la repetición de actos conformes a un orden racional, y no por mera instrucción teórica.[2] Aunque Aristóteles no se refiere directamente a los Mathematikoí en este contexto, su análisis permite comprender por qué una comunidad que concebía el conocimiento como forma de vida debía prestar tanta atención a los hábitos y a la disciplina cotidiana.

La disciplina de los Mathematikoí no debe interpretarse, por tanto, como una renuncia ascética sin finalidad, ni como una imposición autoritaria desvinculada del pensamiento. Se trataba de un entrenamiento orientado a hacer posible el conocimiento mismo. Sin una vida ordenada, el estudio del número corría el riesgo de convertirse en una abstracción estéril; sin el estudio, la disciplina perdía su sentido transformador. Ambos aspectos se sostenían mutuamente en una concepción unitaria del aprendizaje.

Este énfasis en la disciplina cotidiana prepara el terreno para comprender los capítulos siguientes, en los que se analizará con mayor detalle la relación entre conocimiento, ética e inmortalidad del alma. En la experiencia de los Mathematikoí, el camino hacia la comprensión del orden del cosmos comenzaba en los gestos más simples de la vida diaria, allí donde el hábito se convertía en expresión concreta de la armonía buscada.

Notas

1. Jámblico, De vita Pythagorica, §§ 72–73, ed. J. Dillon y J. Hershbell, Iamblichus: On the Pythagorean Way of Life, Society of Biblical Literature, Atlanta, 1991.
2. Aristóteles, Ética a Nicómaco, II, 1–2, 1103a–1104b (numeración Bekker), ed. I. Bywater, Aristotelis Ethica Nicomachea, Oxford Classical Texts, Oxford, 1894; trad. esp. Julián Marías, Ética a Nicómaco, Centro de Estudios Constitucionales, Madrid.

CAPÍTULO VII

Educación integral y transmisión del conocimiento

La educación, para los Mathematikoí, no consistía en la mera adquisición de contenidos, sino en la formación integral del ser humano. Aprender significaba transformarse, y esa transformación exigía un proceso prolongado en el tiempo, cuidadosamente estructurado y sostenido por la comunidad. El conocimiento no se transmitía como información neutral, sino como una práctica que implicaba al intelecto, al carácter y a la forma de vida.

Desde esta perspectiva, la enseñanza no podía reducirse a la exposición verbal de doctrinas. La transmisión del conocimiento se articulaba mediante una combinación de estudio, ejercicio, observación y ejemplo. El discípulo aprendía no sólo escuchando, sino viviendo dentro de un orden que encarnaba aquello que debía comprender. Esta concepción educativa explica la importancia concedida a la convivencia, al ritmo cotidiano y a la progresión gradual en el acceso al saber.

Las fuentes antiguas sugieren que el proceso educativo pitagórico estaba organizado en etapas, correspondientes a distintos niveles de madurez intelectual y ética. Los primeros años se orientaban a la formación del carácter: dominio de sí, capacidad de atención e interiorización de la medida. Sólo sobre esta base se hacía posible el acceso al estudio sistemático del número, la proporción y la armonía. Esta estructura pedagógica no responde a un afán de exclusión, sino a la convicción de que el conocimiento profundo requiere una preparación previa del alma. Esta afirmación constituye una paráfrasis razonada, apoyada en la coherencia general entre disciplina y aprendizaje que atraviesa la tradición pitagórica.

En este punto, resulta esclarecedora la reflexión de Platón sobre la educación en la República. Platón sostiene que el aprendizaje verdadero no consiste en introducir conocimientos desde fuera, sino en orientar el alma hacia aquello que es capaz de conocer cuando se encuentra debidamente ordenada.[1] Aunque Platón escribe en un contexto distinto y desarrolla su propio sistema filosófico, su concepción de la educación como proceso de conversión interior permite comprender un trasfondo común con el ideal educativo de los Mathematikoí, sin que ello implique una dependencia histórica directa.

La transmisión del conocimiento no se concebía, además, como un acto aislado entre maestro y discípulo, sino como una responsabilidad colectiva. La comunidad funcionaba como garante de la continuidad del saber y como espacio de corrección mutua. El progreso del individuo no era únicamente un asunto privado, sino un elemento que afectaba al equilibrio del conjunto. Esta dimensión comunitaria explica por qué el conocimiento se preservaba mediante reglas estrictas de acceso y por qué su divulgación indiscriminada se consideraba problemática.

Autores tardíos como Jámblico describen con detalle esta estructura educativa, subrayando la importancia del tiempo, de la prueba y de la adecuación del contenido al nivel del discípulo.[2] Aunque estos relatos reflejan una sistematización posterior, resultan valiosos para comprender cómo la tradición pitagórica concibió retrospectivamente su propio modelo educativo: como una vía de formación gradual, orientada a producir seres humanos capaces de vivir conforme al orden racional del cosmos.

Desde un punto de vista filosófico más amplio, la educación de los Mathematikoí puede entenderse como una respuesta a una pregunta fundamental: ¿qué tipo de ser humano es capaz de comprender el orden del mundo? La respuesta no se formula en términos exclusivamente intelectuales, sino éticos y existenciales. Comprender el número y la armonía exigía una vida ordenada; sin esa correspondencia, el conocimiento perdía su función transformadora.

Este modelo educativo explica, en última instancia, la estrecha relación entre enseñanza y transmisión. Lo que se transmitía no era sólo un cuerpo de saberes, sino un modo de estar en el mundo. La educación integral de los Mathematikoí aspiraba a formar individuos capaces de unir conocimiento, disciplina y vida comunitaria en una sola experiencia coherente. Esta aspiración constituye uno de los rasgos más duraderos y significativos de su legado.

Notas

1. Platón, República, VII, 518b–519d, ed. J. Burnet, Platonis Opera, vol. IV, Oxford Classical Texts, Oxford, 1902; trad. esp. Conrado Eggers Lan, República, Gredos, Madrid.
2. Jámblico, De vita Pythagorica, §§ 86–89, ed. J. Dillon y J. Hershbell, Iamblichus: On the Pythagorean Way of Life, Society of Biblical Literature, Atlanta, 1991.

CAPÍTULO VIII

Cuerpo, medida y ritmo: el cuerpo como instrumento de armonía

La concepción pitagórica del conocimiento no se limitaba al ámbito del pensamiento abstracto. Para los Mathematikoí, el cuerpo ocupaba un lugar esencial en el proceso educativo y en la búsqueda de la armonía interior. Lejos de ser considerado un obstáculo para el conocimiento, el cuerpo era entendido como un instrumento que debía ser afinado, regulado y educado para que el alma pudiera orientarse con claridad hacia el orden inteligible del cosmos.

Esta perspectiva se apoya en una comprensión rítmica de la existencia. El cuerpo humano, sometido a ciclos de actividad y reposo, de tensión y distensión, debía aprender a inscribirse en un ritmo ordenado. La regularidad de los hábitos, la moderación en los excesos y la atención a la proporción en la vida cotidiana no respondían a una moral ascética en sentido estricto, sino a la convicción de que el desorden corporal perturba la capacidad de conocer. Esta afirmación constituye una paráfrasis razonada, coherente con la visión pitagórica que vincula armonía física y claridad intelectual.

Las fuentes tardías describen prácticas destinadas a mantener este equilibrio corporal: horarios regulares, control de la alimentación y ejercicios orientados a preservar la medida. Jámblico señala que la vida pitagórica buscaba una armonización de las facultades humanas mediante la observancia de un orden constante, en el que el cuerpo participaba activamente del proceso de formación.[1] Aunque estos testimonios pertenecen a un contexto posterior, reflejan una concepción antigua ampliamente compartida: el cuerpo no es neutral respecto al conocimiento, sino un factor determinante de su posibilidad.

La noción de medida desempeña aquí un papel central. Así como el número y la proporción rigen el orden del cosmos, la vida corporal debía regirse por un principio análogo. Comer, descansar, ejercitarse y hablar en el momento adecuado formaban parte de una pedagogía implícita del cuerpo. Esta pedagogía no se transmitía necesariamente mediante discursos teóricos, sino a través de la repetición de prácticas que modelaban la sensibilidad y la atención del individuo.

Desde un punto de vista filosófico más amplio, esta concepción encuentra un paralelo significativo en la reflexión de Platón, quien subraya la importancia de la gimnasia y de la música como medios complementarios de formación del alma y del cuerpo.[2] En la tradición platónica, un exceso de atención al cuerpo sin medida conduce a la brutalidad, mientras que su abandono produce debilidad. El equilibrio entre disciplina corporal y formación intelectual aparece, así, como una condición necesaria para la armonía interior, una idea plenamente compatible con el ideal educativo de los Mathematikoí.

La atención al cuerpo se relaciona también con la noción de ritmo, entendida no sólo en sentido musical, sino existencial. El ritmo organiza el tiempo vivido y permite que las acciones se encadenen de manera coherente. Para los Mathematikoí, vivir rítmicamente significaba evitar tanto la dispersión como la rigidez extrema. El cuerpo, educado en la regularidad, se convertía en un soporte estable para la práctica del conocimiento.

Esta concepción del cuerpo como instrumento de armonía prepara el terreno para comprender el papel que la música desempeñará en los capítulos siguientes. La música no será abordada únicamente como teoría de intervalos, sino como una prolongación audible de los mismos principios que regulan el cuerpo y el alma. Antes de estudiar la armonía musical en sentido estricto, era necesario mostrar que, para los Mathematikoí, la armonía comenzaba en la forma de habitar el propio cuerpo.

Notas

1. Jámblico, De vita Pythagorica, §§ 98–101, ed. J. Dillon y J. Hershbell, Iamblichus: On the Pythagorean Way of Life, Society of Biblical Literature, Atlanta, 1991.

2. Platón, República, III, 401d–403c, ed. J. Burnet, Platonis Opera, vol. III, Oxford Classical Texts, Oxford, 1903; trad. esp. Conrado Eggers Lan, República, Gredos, Madrid.

PARTE III

ALMA, CONOCIMIENTO Y ÉTICA

CAPÍTULO IX

Inmortalidad del alma y metempsicosis

La doctrina de la inmortalidad del alma ocupa un lugar central en la tradición pitagórica y constituye uno de los pilares sobre los que se articula la forma de vida de los Mathematikoí. No se trata de una creencia marginal ni de un elemento puramente mítico, sino de una convicción que orienta de manera decisiva la comprensión del conocimiento, de la ética y de la disciplina cotidiana. La idea de que el alma sobrevive a la muerte del cuerpo y participa de un ciclo de existencias sucesivas —la metempsicosis— confiere al aprendizaje una dimensión que trasciende los límites de una sola vida.

Las fuentes antiguas asocian de manera constante el pitagorismo con la creencia en la transmigración del alma. Ya en autores tempranos se encuentra la afirmación de que Pitágoras enseñó que el alma humana es inmortal y que, tras la muerte, pasa a otros cuerpos.

Esta doctrina no debe interpretarse exclusivamente como una explicación cosmológica del destino del alma, sino como un marco ético que fundamenta la responsabilidad individual. Si el alma continúa su recorrido más allá de la existencia presente, cada acción adquiere un peso que no se agota en las consecuencias inmediatas.

Desde la perspectiva de los Mathematikoí, la metempsicosis se vincula estrechamente con la noción de purificación. El alma, entendida como una realidad perfectible, puede elevarse o degradarse según el grado de orden y armonía que logre incorporar. El conocimiento, en este contexto, no es un adorno intelectual, sino un medio privilegiado de purificación. Estudiar el número, la proporción y la armonía del cosmos equivale a reorientar el alma hacia un orden que le es propio. Esta interpretación debe entenderse como una paráfrasis razonada, pero se apoya en la coherencia general entre doctrina del alma y práctica del conocimiento que atraviesa el pitagorismo.

Un testimonio filosófico fundamental para comprender esta concepción es el de Platón, quien, en varios diálogos, asocia explícitamente la tradición pitagórica con la doctrina de la inmortalidad del alma. En el Fedón, Platón presenta la filosofía como una preparación para la muerte y describe el conocimiento verdadero como un proceso de liberación del alma respecto de las ataduras del cuerpo.[1] Aunque Platón desarrolla estas ideas dentro de su propio sistema, su referencia a tradiciones anteriores permite situar a los Mathematikoí dentro de un horizonte compartido de reflexión sobre el destino del alma.

La relación entre inmortalidad y conocimiento también encuentra eco en la reflexión de Aristóteles, aun cuando su enfoque sea más crítico. Aristóteles reconoce que los pitagóricos concibieron el alma como principio de movimiento y orden, y analiza las dificultades filosóficas que plantea la identificación entre alma, número y armonía.[2] Su testimonio resulta valioso porque muestra que la doctrina pitagórica del alma no era un simple relato mítico, sino un objeto de debate filosófico serio en la Antigüedad clásica.

Es importante subrayar que la metempsicosis no debe entenderse, en el contexto de los Mathematikoí, como una creencia aislada del resto de la doctrina. Forma parte de una visión unitaria en la que cosmos, alma y número se reflejan mutuamente. Así como el universo está regido por leyes de proporción y medida, el destino del alma depende de su capacidad para armonizarse con ese orden. La educación, la disciplina y el estudio adquieren, de este modo, una dimensión soteriológica: aprender es salvarse, en el sentido de orientarse hacia un orden más alto de existencia.

Esta concepción explica también la severidad ética que las fuentes atribuyen a la vida pitagórica. La moderación, el autocontrol y la atención constante a la armonía interior no eran exigencias arbitrarias, sino consecuencias lógicas de una visión del alma como realidad en tránsito. La vida presente se concebía como una etapa dentro de un proceso más amplio, en el que el conocimiento podía acelerar o retrasar el avance del alma hacia un estado más perfecto.

Comprender la doctrina de la inmortalidad del alma y de la metempsicosis resulta, por tanto, indispensable para entender el sentido profundo del ideal matematikoí. Sin esta convicción, el énfasis en la disciplina, el silencio y el estudio del número perdería su coherencia interna. En los capítulos siguientes, se profundizará en la relación entre conocimiento y purificación, mostrando cómo la teoría del alma se traduce en una práctica concreta orientada a la transformación interior.

Notas

1. Platón, Fedón, 64a–67b, ed. J. Burnet, Platonis Opera, vol. I, Oxford Classical Texts, Oxford, 1900; trad. esp. Carlos García Gual, Fedón, Gredos, Madrid.
2. Aristóteles, De anima, I, 2, 404a–405b (numeración Bekker), ed. W. D. Ross, Aristotelis De Anima, Oxford Classical Texts, Oxford, 1961; trad. esp. Valentín García Yebra, Acerca del alma, Gredos, Madrid.

CAPÍTULO X

Conocimiento como vía de purificación

En la tradición de los Mathematikoí, el conocimiento no se concibe como un fin autónomo ni como una destreza intelectual separada de la vida. Su valor reside en su capacidad para purificar el alma, es decir, para reordenar las facultades humanas conforme a un principio de armonía que refleja el orden del cosmos. Aprender no significa acumular información, sino someter el pensamiento, la conducta y la sensibilidad a una medida racional que transforme al individuo desde dentro.

Esta concepción se apoya en una idea fundamental: el alma se ve afectada por el desorden tanto como por el orden. La ignorancia no es sólo ausencia de saber, sino una forma de confusión que se manifiesta en la dispersión de los deseos, en la inestabilidad del juicio y en la incapacidad de reconocer proporciones adecuadas en la vida. El conocimiento, entendido como comprensión del número y de la relación, actúa entonces como un principio de clarificación. Esta afirmación debe leerse como una paráfrasis razonada, coherente con el vínculo pitagórico entre orden intelectual y equilibrio ético.

Para los Mathematikoí, el estudio del número posee una función purificadora precisamente porque el número introduce medida allí donde reina la indeterminación. La proporción enseña a distinguir lo suficiente de lo excesivo, lo armónico de lo caótico. Al habituar la mente a reconocer relaciones estables, el aprendizaje matemático educa simultáneamente la capacidad de juicio y el carácter. En este sentido, la purificación no es un acto ritual aislado, sino un proceso gradual que acompaña el progreso del conocimiento.

Un punto de referencia indispensable para comprender esta concepción es la reflexión de Platón, quien presenta el conocimiento verdadero como una forma de katharsis del alma. En el Fedón, la filosofía aparece descrita como un ejercicio de separación progresiva del alma respecto de las confusiones del cuerpo y de las opiniones no examinadas.[1] Aunque Platón elabora esta idea dentro de su propio sistema, su afinidad con el ideal pitagórico del conocimiento como purificación resulta evidente y permite situar a los Mathematikoí dentro de una corriente más amplia de pensamiento antiguo.

Desde otra perspectiva, Aristóteles ofrece un contrapunto crítico que, lejos de invalidar esta concepción, ayuda a precisar su alcance. En su análisis de la virtud intelectual, Aristóteles subraya que el conocimiento práctico y el carácter se forman mediante el hábito y la repetición de actos ordenados.[2] Aunque no adopta la doctrina pitagórica de la purificación en sentido estricto, su énfasis en la formación progresiva del juicio permite comprender por qué los Mathematikoí vinculaban el aprendizaje a una transformación efectiva del modo de vivir.

Las fuentes tardías, en particular Jámblico, insisten en que el estudio del número y de la armonía musical tenía como finalidad última la elevación del alma.[3] Estas descripciones, aun siendo producto de una sistematización posterior, conservan un núcleo coherente: el conocimiento que no modifica al sujeto carece de valor pleno. La purificación no se logra mediante la repetición mecánica de ejercicios, sino a través de una comprensión progresiva del orden que rige tanto el cosmos como la vida humana.

Esta concepción permite entender por qué el acceso al conocimiento estaba regulado por criterios éticos y pedagógicos estrictos. No todo saber era apropiado para cualquier estado del alma. La enseñanza debía ajustarse al grado de preparación del discípulo, de modo que el conocimiento actuara como medicina y no como perturbación. Esta idea, formulada aquí como paráfrasis, explica la insistencia pitagórica en la gradualidad y en la supervisión comunitaria del aprendizaje.

Concebir el conocimiento como vía de purificación implica, finalmente, una inversión del criterio moderno de utilidad. El valor del saber no se mide por su aplicación inmediata ni por su capacidad de dominio técnico, sino por su poder de ordenar interiormente al ser humano. Para los Mathematikoí, conocer es aprender a vivir conforme a una medida que trasciende al individuo y lo inscribe en un orden más amplio. Esta convicción atraviesa toda la tradición pitagórica y prepara el terreno para el examen de la ética de la medida y de la justicia, que será el objeto del capítulo siguiente.

Notas

1. Platón, Fedón, 67c–69e, ed. J. Burnet, Platonis Opera, vol. I, Oxford Classical Texts, Oxford, 1900; trad. esp. Carlos García Gual, Fedón, Gredos, Madrid.
2. Aristóteles, Ética a Nicómaco, II, 4–5, 1105b–1106a (numeración Bekker), ed. I. Bywater, Aristotelis Ethica Nicomachea, Oxford Classical Texts, Oxford, 1894; trad. esp. Julián Marías, Ética a Nicómaco, Centro de Estudios Constitucionales, Madrid.
3. Jámblico, De vita Pythagorica, §§ 108–110, ed. J. Dillon y J. Hershbell, Iamblichus: On the Pythagorean Way of Life, Society of Biblical Literature, Atlanta, 1991.

CAPÍTULO XI

Ética mathematikoí: justicia, medida y autocontrol

La ética de los Mathematikoí no se presenta como un conjunto de normas externas impuestas al individuo, sino como la consecuencia necesaria de una comprensión ordenada de la realidad. Si el cosmos se rige por proporciones y relaciones estables, la vida humana debe reflejar ese mismo principio de medida. La justicia, el autocontrol y la moderación no son virtudes aisladas, sino expresiones concretas de una misma exigencia de armonía interior.

En este marco, la medida ocupa un lugar central. Vivir conforme a la medida significa evitar tanto el exceso como la carencia, no sólo en los actos visibles, sino también en los deseos, en el uso de la palabra y en la orientación del pensamiento. Esta concepción ética no responde a una moral de prohibiciones, sino a una pedagogía del equilibrio. La repetición de actos medidos educa la sensibilidad y afina el juicio, del mismo modo que el estudio del número enseña a reconocer proporciones adecuadas. Esta formulación debe entenderse como una paráfrasis razonada, coherente con la unidad pitagórica entre conocimiento y vida.

La justicia aparece, en este contexto, como una forma de armonía aplicada a las relaciones humanas. No se limita a la obediencia a leyes positivas, sino que expresa la capacidad de asignar a cada cosa su lugar correspondiente dentro de un orden común. La tradición pitagórica entendió la justicia como una relación proporcional, idea que influyó profundamente en la reflexión ética posterior. Este enfoque permite comprender por qué la vida comunitaria de los Mathematikoí exigía reglas claras y una responsabilidad compartida: la justicia no podía realizarse sin una estructura que garantizara la correspondencia entre funciones, méritos y deberes.

Un punto de referencia filosófico fundamental para esta concepción es la reflexión de Platón, quien define la justicia, en la República, como la armonía de las partes del alma y de la ciudad, cuando cada una cumple su función propia sin invadir la de las otras.[1] Aunque Platón desarrolla esta idea dentro de un sistema distinto, su afinidad con el ideal pitagórico de orden y proporción resulta evidente y permite situar la ética de los Mathematikoí dentro de una tradición más amplia de pensamiento sobre la justicia como equilibrio.

El autocontrol (enkráteia) constituye otra dimensión esencial de esta ética. Para los Mathematikoí, gobernarse a sí mismo es una condición previa para cualquier forma de conocimiento verdadero. La incapacidad de dominar los impulsos conduce a la dispersión interior y, en última instancia, a la imposibilidad de reconocer el orden. El autocontrol no se entiende aquí como represión, sino como integración: las facultades humanas deben coordinarse de manera armónica, del mismo modo que los elementos de una proporción matemática se ajustan entre sí.

Desde una perspectiva analítica, la reflexión de Aristóteles resulta esclarecedora. En la Ética a Nicómaco, Aristóteles subraya que la virtud ética se adquiere mediante el hábito y que el dominio de sí es indispensable para la rectitud del juicio práctico.[2] Aunque Aristóteles se distancia de la identificación pitagórica entre número y ética, su análisis del carácter como resultado de prácticas repetidas ayuda a comprender por qué los Matematikoí otorgaban tanta importancia a la disciplina cotidiana y al control de los deseos.

Las fuentes tardías, particularmente Jámblico, presentan la ética pitagórica como una vía de armonización progresiva del alma, en la que justicia, autocontrol y conocimiento forman un todo inseparable.[3] Estas descripciones, aun siendo el resultado de una elaboración posterior, conservan un núcleo coherente: la vida justa es aquella que reproduce, en el plano humano, el orden inteligible del cosmos.

La ética de los Mathematikoí no puede comprenderse, por tanto, como un añadido moral a una doctrina matemática preexistente. Constituye, más bien, su aplicación vivida. Conocer el número sin vivir conforme a la medida sería una contradicción interna. Por ello, la justicia y el autocontrol no son metas secundarias, sino condiciones indispensables para que el conocimiento cumpla su función purificadora.

Este enfoque ético prepara el terreno para comprender el ideal humano que subyace a la formación mathematikoí. En el capítulo siguiente se examinará cómo esta ética de la medida se articula en una concepción integral del ser humano y de la vida buena, en la que conocimiento, carácter y comunidad se sostienen mutuamente.

Notas

1. Platón, República, IV, 433a–434c, ed. J. Burnet, Platonis Opera, vol. IV, Oxford Classical Texts, Oxford, 1902; trad. esp. Conrado Eggers Lan, República, Gredos, Madrid.
2. Aristóteles, Ética a Nicómaco, III, 12, 1119a–1120a (numeración Bekker), ed. I. Bywater, Aristotelis Ethica Nicomachea, Oxford Classical Texts, Oxford, 1894; trad. esp. Julián Marías, Ética a Nicómaco, Centro de Estudios Constitucionales, Madrid.
3. Jámblico, De vita Pythagorica, §§ 122–124, ed. J. Dillon y J. Hershbell, Iamblichus: On the Pythagorean Way of Life, Society of Biblical Literature, Atlanta, 1991.

CAPÍTULO XII

El ideal humano: formación interior y vida buena

La figura del Mathematikoí encarna un ideal humano que no puede reducirse a la posesión de conocimientos técnicos ni a la adhesión externa a un código moral. Se trata de una concepción integral de la vida buena, en la que el saber, la disciplina del carácter y la pertenencia comunitaria convergen en una misma orientación: vivir conforme a un orden inteligible. El ideal humano que emerge de la tradición pitagórica no se define por el éxito, la utilidad inmediata o el prestigio social, sino por la coherencia entre comprensión racional y forma de vida.

Este ideal supone una jerarquía clara de fines. En la cúspide se encuentra la armonía interior, entendida como la adecuada disposición de las facultades del alma. El conocimiento del número y de la proporción ofrece el modelo de esa disposición: así como las relaciones matemáticas mantienen su estabilidad cuando cada término ocupa su lugar, la vida humana alcanza su plenitud cuando razón, deseo y acción se integran sin conflicto. Esta formulación constituye una paráfrasis razonada, pero se apoya en la constante analogía pitagórica entre orden cósmico y orden humano.

La formación interior ocupa, por ello, un lugar prioritario. No basta con adquirir nociones verdaderas; es necesario convertirse en alguien capaz de sostenerlas. La educación de los Mathematikoí apuntaba a crear hábitos de atención, juicio y autocontrol que permitieran al individuo permanecer fiel al orden comprendido. La vida buena no se concebía como un estado alcanzado de una vez por todas, sino como una práctica continua de ajuste y corrección, en la que cada acto debía confirmar la orientación general de la existencia.

Desde un punto de vista filosófico, este ideal encuentra un paralelo significativo en la reflexión de Platón sobre la eudaimonía. En la

República y en otros diálogos, Platón vincula la vida buena con la armonía del alma y con la subordinación de los impulsos a la razón.[1] Aunque el marco conceptual platónico difiere del pitagórico en varios aspectos, ambos comparten la convicción de que la felicidad auténtica depende de un orden interior estable y no de bienes externos contingentes.

La noción de vida buena implica también una relación específica con la comunidad. El ideal del Mathematikoí no es el del sabio aislado, sino el del individuo que participa de un orden compartido. La comunidad ofrece el marco en el que la formación interior puede sostenerse y corregirse, evitando tanto la autosuficiencia ilusoria como la dispersión. Vivir bien significa, en este contexto, contribuir a un equilibrio colectivo que refleja, a su escala, el orden del cosmos.

Un contrapunto esclarecedor lo ofrece la reflexión de Aristóteles, quien define la eudaimonía como una actividad del alma conforme a la virtud, realizada a lo largo de una vida completa.[2] Aunque Aristóteles se distancia de la identificación pitagórica entre número y orden moral, su énfasis en la actividad continua y en la formación del carácter permite comprender por qué el ideal humano de los Mathematikoí no podía reducirse a una iluminación momentánea ni a una doctrina abstracta.

Las fuentes tardías, en particular Jámblico, presentan este ideal humano como una síntesis de conocimiento, disciplina y armonía vital.[3] Si bien estas descripciones reflejan una elaboración posterior, conservan un núcleo coherente con la tradición más antigua: el ser humano alcanza su plenitud cuando logra reflejar, en su propia vida, el orden que reconoce en el mundo.

El ideal del Mathematikoí no pretende ofrecer un modelo universal aplicable sin mediaciones a cualquier contexto histórico. Se trata, más bien, de una figura ejemplar que permite pensar la relación entre conocimiento y vida de manera no instrumental. En un mundo marcado por la fragmentación del saber y por la separación entre teoría y práctica, este ideal conserva una fuerza crítica particular: recuerda que conocer implica siempre una responsabilidad existencial.

Con este capítulo se cierra la primera gran sección dedicada al alma, la ética y la formación interior. A partir de aquí, el análisis se desplazará hacia el núcleo doctrinal del pensamiento pitagórico: el número, la proporción y su función como principios de inteligibilidad del cosmos. Sólo habiendo comprendido el ideal humano que orienta la vida de los Mathematikoí es posible abordar con propiedad el sentido profundo de su matemática.

Notas

1. Platón, República, IX, 580b–583a, ed. J. Burnet, Platonis Opera, vol. IV, Oxford Classical Texts, Oxford, 1902; trad. esp. Conrado Eggers Lan, República, Gredos, Madrid.
2. Aristóteles, Ética a Nicómaco, I, 7–8, 1098a–1099b (numeración Bekker), ed. I. Bywater, Aristotelis Ethica Nicomachea, Oxford Classical Texts, Oxford, 1894; trad. esp. Julián Marías, Ética a Nicómaco, Centro de Estudios Constitucionales, Madrid.
3. Jámblico, De vita Pythagorica, §§ 130–132, ed. J. Dillon y J. Hershbell, Iamblichus: On the Pythagorean Way of Life, Society of Biblical Literature, Atlanta, 1991.

PARTE IV

NÚMERO, COSMOS Y REALIDAD

CAPÍTULO XIII

"Todo es número": sentidos, alcances y límites

La expresión "todo es número" se ha convertido en una de las fórmulas más repetidas —y, a la vez, más malinterpretadas— de la tradición pitagórica. Con frecuencia se la presenta como una afirmación metafísica tajante, cercana a una forma primitiva de reduccionismo, según la cual la realidad estaría compuesta literalmente de números. Sin embargo, una lectura cuidadosa de las fuentes sugiere que esta fórmula debe entenderse con mayor precisión y cautela, especialmente cuando se la aplica al ideal intelectual de los Mathematikoí.

En el contexto pitagórico, el número no designa simplemente una entidad cuantitativa, sino un principio de inteligibilidad. Decir que "todo es número" equivale, en primer término, a afirmar que el mundo es comprensible en términos de relaciones, proporciones y orden. El número expresa la estructura de esas relaciones y permite pensar el cosmos como un conjunto organizado, no como una acumulación caótica de elementos. Esta interpretación constituye una paráfrasis razonada, pero se apoya en el uso sistemático del número como principio explicativo en la tradición pitagórica temprana.

Un testimonio filosófico fundamental para entender esta concepción es el análisis de Aristóteles en la Metafísica. Aristóteles atribuye a los pitagóricos la idea de que los números son los principios de las cosas y que las propiedades de los cuerpos derivan de relaciones numéricas.[1] Al mismo tiempo, critica la ambigüedad de esta posición, señalando que no siempre queda claro si el número debe entenderse como sustancia, como forma o como principio estructural. Esta crítica resulta especialmente valiosa porque obliga a precisar el alcance real de la afirmación pitagórica.

Desde la perspectiva de los Mathematikoí, el número funciona principalmente como modelo de orden. Las relaciones numéricas ofrecen un paradigma de estabilidad, regularidad y necesidad que puede aplicarse a distintos ámbitos: la música, la geometría, el movimiento celeste y la vida humana. En este sentido, el número no sustituye a la realidad sensible, sino que la hace comprensible. Conocer el número equivale a reconocer las proporciones que rigen el mundo y, por analogía, a orientar la propia vida conforme a esas proporciones.

Esta concepción encuentra un paralelo significativo en la reflexión de Platón, quien otorga a las matemáticas un papel central en el acceso a lo inteligible. En la República, Platón presenta el estudio del número y de la geometría como una preparación del alma para la contemplación del orden racional, subrayando que estas disciplinas no se valoran por su utilidad práctica inmediata, sino por su capacidad para dirigir el pensamiento hacia relaciones necesarias y estables.[2] Aunque Platón desarrolla esta idea dentro de su propio marco teórico, su afinidad con el ideal pitagórico del número como vía de acceso al orden resulta evidente.

No obstante, es esencial reconocer los límites de la fórmula "todo es número". Ni las fuentes antiguas ni un análisis riguroso permiten sostener que los Mathematikoí concibieran la totalidad de la experiencia humana como reducible a relaciones numéricas en sentido estricto. La ética, la vida comunitaria y la purificación del alma no se derivan mecánicamente de cálculos, sino que se inspiran en el modelo de orden que el número ofrece. Confundir esta inspiración analógica con un reduccionismo literal conduce a una caricatura del pensamiento pitagórico.

El alcance real de la afirmación pitagórica se sitúa, por tanto, en un nivel estructural y simbólico. El número revela que la realidad no es arbitraria, que existe una medida que puede ser conocida y respetada. Para los Mathematikoí, esta convicción fundamenta tanto la investigación del cosmos como la exigencia ética de vivir conforme a la medida. El número no reemplaza a la experiencia, pero la orienta; no dicta la vida, pero ofrece un criterio para ordenarla.

Comprender correctamente el sentido, el alcance y los límites de la expresión "todo es número" resulta indispensable para evitar interpretaciones simplistas del pitagorismo. Lejos de proponer una metafísica ingenua, los Mathematikoí desarrollaron una visión en la que el número actúa como puente entre el conocimiento racional y la vida buena. En los capítulos siguientes se profundizará en esta función estructural del número, examinando cómo la proporción y la relación se convierten en principios explicativos del cosmos y de la armonía musical.

Notas

1. Aristóteles, Metafísica, A, 5, 985b23–986a2 (numeración Bekker), ed. W. D. Ross, Aristotelis Metaphysica, Oxford Classical Texts, Oxford, 1924; trad. esp. Valentín García Yebra, Metafísica, Gredos, Madrid.
2. Platón, República, VII, 525b–526c, ed. J. Burnet, Platonis Opera, vol. IV, Oxford Classical Texts, Oxford, 1902; trad. esp. Conrado Eggers Lan, República, Gredos, Madrid.

CAPÍTULO XIV

Número, proporción y orden del cosmos

Si el número constituye, para los Mathematikoí, un principio de inteligibilidad, la proporción es el modo concreto en que ese principio se manifiesta en el orden del cosmos. No se trata simplemente de contar o medir, sino de reconocer relaciones estables entre partes diversas. El mundo es comprensible porque sus elementos no están dispuestos al azar, sino vinculados por proporciones que confieren coherencia y regularidad al conjunto.

La noción de proporción permite pensar el cosmos como un sistema articulado. Allí donde hay orden, hay relación; y allí donde hay relación, puede reconocerse una estructura proporcional. Esta idea, formulada aquí como paráfrasis razonada, atraviesa la tradición pitagórica y explica por qué el estudio del número no se limita a la aritmética, sino que se extiende a la geometría, a la música y a la cosmología. El cosmos aparece así como un entramado de relaciones inteligibles, no como una suma de sustancias aisladas.

Un testimonio antiguo decisivo para esta concepción es el fragmento atribuido a Filolao de Crotona, según el cual la naturaleza se organiza mediante la conjunción de lo ilimitado y lo limitante, y sólo puede ser conocida gracias al número.[1] Esta afirmación no describe un mecanismo físico en sentido moderno, sino un principio estructural: el número introduce límite, forma y determinación allí donde, de otro modo, reinaría la indeterminación. La proporción es, en este marco, la expresión concreta de ese principio de limitación ordenadora.

Desde una perspectiva filosófica crítica, Aristóteles analiza esta concepción en la Metafísica, señalando que los pitagóricos tendieron a identificar las propiedades de las cosas con relaciones numéricas.[2] Aunque Aristóteles objeta la confusión entre número y sustancia, su análisis confirma que, para los pitagóricos, la explicación del mundo pasaba por la identificación de estructuras proporcionales. Su crítica no niega la centralidad de la proporción, sino que obliga a precisar su estatuto ontológico.

La proporción cumple, además, una función cosmológica en sentido estricto. Permite pensar la regularidad de los movimientos celestes, la estabilidad de los ciclos naturales y la coherencia del conjunto del universo. La idea de un cosmos ordenado —kósmos en el sentido etimológico de "ornamento" u "orden"— encuentra en la proporción su fundamento racional. El universo es bello porque es ordenado, y es ordenado porque responde a relaciones proporcionales que pueden ser reconocidas por la inteligencia.

Esta concepción del orden cósmico influyó de manera decisiva en la reflexión posterior. Platón, en el Timeo, presenta el cosmos como una estructura organizada conforme a proporciones matemáticas, en la que el alma del mundo y el cuerpo del universo se armonizan mediante relaciones numéricas.[3] Aunque el Timeo desarrolla una cosmología propia, su deuda con el pensamiento pitagórico es evidente y confirma la centralidad de la proporción como principio explicativo del orden universal.

Para los Mathematikoí, reconocer el orden del cosmos no era un ejercicio puramente contemplativo. La comprensión de las proporciones universales ofrecía un criterio para orientar la vida humana. Así como el universo mantiene su estabilidad gracias a la adecuada relación entre sus partes, la vida buena exige una disposición proporcional de las facultades del alma. El estudio del cosmos y la ética de la medida se reflejan mutuamente en una misma estructura de pensamiento.

Comprender el papel de la proporción en el orden del cosmos permite, por tanto, evitar dos errores frecuentes: reducir el pitagorismo a una numerología ingenua, o interpretarlo como una metafísica abstracta desvinculada de la experiencia. Para los Mathematikoí, la proporción es el puente entre el mundo y el conocimiento, entre la estructura del universo y la formación interior del ser humano. En los capítulos siguientes se examinará cómo esta concepción proporcional se expresa en figuras numéricas y en desarrollos específicos de la aritmética pitagórica.

Notas

1. Filolao de Crotona, fr. B 1 (Diels–Kranz), en H. Diels y W. Kranz, Die Fragmente der Vorsokratiker, 6.ª ed., vol. I, Weidmann, Berlín, 1951; trad. esp. en G. S. Kirk, J. E. Raven y M. Schofield, Los filósofos presocráticos, Alianza, Madrid.

2. Aristóteles, Metafísica, A, 5, 986a3–986b8 (numeración Bekker), ed. W. D. Ross, Aristotelis Metaphysica, Oxford Classical Texts, Oxford, 1924; trad. esp. Valentín García Yebra, Metafísica, Gredos, Madrid.

3. Platón, Timeo, 31b–32c, ed. J. Burnet, Platonis Opera, vol. IV, Oxford Classical Texts, Oxford, 1902; trad. esp. Francisco Lisi, Timeo, Gredos, Madrid.

CAPÍTULO XV

Figuras, paridad y aritmética simbólica

La aritmética pitagórica, tal como la desarrollaron los Mathematikoí, no se limitaba al tratamiento abstracto de cantidades. El número era concebido también en su dimensión figurativa y cualitativa, como principio capaz de expresar estructura, relación y significado. Esta manera de pensar el número dio lugar a lo que puede denominarse una aritmética figurada, en la que los números se representaban mediante disposiciones espaciales de puntos y adquirían un valor simbólico sin perder su función racional.

Uno de los ejes fundamentales de esta aritmética es la distinción entre par e impar. Las fuentes antiguas atribuyen a los pitagóricos una interpretación estructural de esta diferencia: lo impar se asociaba a lo limitado y lo estable, mientras que lo par se vinculaba a lo indefinido y lo divisible. Esta oposición no debe entenderse como una valoración moral simple, sino como una forma de pensar la constitución del orden. La paridad expresaba, así, modos distintos de relación y de determinación, y permitía clasificar los números según su comportamiento estructural. Esta formulación es una paráfrasis razonada, coherente con los testimonios antiguos sobre la teoría pitagórica de los opuestos.

Las figuras numéricas ofrecían un medio privilegiado para visualizar estas relaciones. Números triangulares, cuadrados y rectangulares permitían representar de manera intuitiva propiedades aritméticas y geométricas al mismo tiempo. La disposición espacial de los puntos no era un recurso pedagógico secundario, sino una forma de conocimiento: ver el número era comprender su estructura. Esta integración entre aritmética y geometría refleja una concepción unitaria del saber, en la que las fronteras disciplinares modernas aún no estaban establecidas.

Un testimonio relevante para esta concepción se encuentra en la reflexión atribuida a Filolao de Crotona, quien subraya que el conocimiento del orden natural depende del reconocimiento de límites y relaciones numéricas.[1] Aunque los fragmentos conservados son escasos, apuntan a una visión en la que el número no es una entidad aislada, sino un principio que articula forma, medida y comprensión. Las figuras numéricas pueden entenderse, en este marco, como expresiones visibles de ese principio.

Desde una perspectiva crítica, Aristóteles analiza la tendencia pitagórica a asociar propiedades cualitativas con estructuras numéricas.[2] Si bien objeta la identificación directa entre número y sustancia, su análisis confirma que los pitagóricos concebían los números como portadores de estructura y no como meros instrumentos de conteo. La aritmética simbólica no pretendía reemplazar la explicación racional, sino ofrecer un lenguaje capaz de expresar relaciones fundamentales del orden del mundo.

La dimensión simbólica del número alcanza su expresión más conocida en la tetraktys, la disposición triangular de los cuatro primeros números cuya suma produce el diez. Más allá de su valor emblemático, la tetraktys expresa una idea central del pensamiento pitagórico: la totalidad se construye a partir de relaciones simples y ordenadas. El simbolismo aquí no sustituye al razonamiento, sino que lo condensa en una forma visual capaz de ser contemplada y recordada. Esta interpretación debe entenderse como paráfrasis, ya que las fuentes conservadas no ofrecen una explicación sistemática de su significado, pero sí testimonian su importancia dentro de la tradición.

Para los Mathematikoí, la aritmética figurada y simbólica no constituía un ámbito separado del estudio racional del número. Era, más bien, una extensión de ese estudio hacia formas de comprensión que integraban vista, pensamiento y memoria. El número se volvía así un mediador entre lo abstracto y lo concreto, entre la razón y la experiencia sensible. Esta mediación explica por qué la aritmética pitagórica pudo influir tanto en la geometría como en la música y en la cosmología.

Comprender el papel de las figuras, la paridad y el simbolismo numérico permite situar correctamente la aritmética pitagórica dentro de su contexto histórico. Lejos de ser una numerología irracional, se trató de un esfuerzo por pensar el orden del mundo a través de estructuras inteligibles que podían ser vistas, pensadas y vividas. En los capítulos siguientes se abordará uno de los momentos más críticos de esta concepción: la aparición de lo inconmensurable y sus consecuencias para la idea pitagórica de número y proporción.

Notas

1. Filolao de Crotona, fr. B 1 (Diels–Kranz), en H. Diels y W. Kranz, Die Fragmente der Vorsokratiker, 6.ª ed., vol. I, Weidmann, Berlín, 1951; trad. esp. en G. S. Kirk, J. E. Raven y M. Schofield, Los filósofos presocráticos, Alianza, Madrid.
2. Aristóteles, Metafísica, A, 5, 986a15–986b8 (numeración Bekker), ed. W. D. Ross, Aristotelis Metaphysica, Oxford Classical Texts, Oxford, 1924; trad. esp. Valentín García Yebra, Metafísica, Gredos, Madrid.

CAPÍTULO XVI

La crisis de lo inconmensurable y sus consecuencias filosóficas

El proyecto intelectual de los Mathematikoí, fundado en la convicción de que el orden del mundo podía comprenderse mediante relaciones numéricas, se enfrentó a una de sus pruebas más decisivas con el descubrimiento de lo inconmensurable. Este acontecimiento —entendido aquí como un proceso intelectual y no como un episodio puntual— puso de manifiesto que no todas las magnitudes podían expresarse como razón de números enteros. La aparición de magnitudes que escapaban a la proporción aritmética tradicional supuso una tensión profunda en una concepción del cosmos basada en la medida y la relación numérica.

Desde el punto de vista matemático, lo inconmensurable se manifiesta cuando dos magnitudes carecen de una unidad común que permita expresarlas como una proporción finita de números enteros. El ejemplo clásico es la relación entre el lado y la diagonal del cuadrado, cuya inconmensurabilidad desafía la expectativa de que toda relación geométrica pueda traducirse en términos aritméticos simples. Esta constatación no destruye la racionalidad matemática, pero obliga a repensar el estatuto del número y de la proporción.

Las fuentes antiguas no ofrecen un relato uniforme ni detallado de cómo se produjo este descubrimiento dentro del ámbito pitagórico. Sin embargo, Aristóteles alude explícitamente a la demostración de la inconmensurabilidad en el contexto de la teoría de la magnitud, señalando su importancia para el desarrollo de la matemática griega.[1] Su testimonio confirma que la cuestión no era marginal, sino central para comprender los límites de la aritmética aplicada a la geometría. Aristóteles no presenta el descubrimiento como una catástrofe doctrinal, sino como un problema que exige una distinción más precisa entre número y magnitud.

Desde una perspectiva histórica, la crisis de lo inconmensurable puede entenderse como un momento de maduración intelectual. La convicción pitagórica de que el orden del cosmos es racional no se abandona, pero se ve obligada a transformarse. El número, entendido exclusivamente como razón de enteros, deja de ser suficiente para explicar todas las estructuras geométricas. En su lugar, se impone una ampliación conceptual que distingue entre el dominio aritmético y el geométrico, sin renunciar por ello a la idea de orden y medida. Esta interpretación constituye una paráfrasis razonada, coherente con la evolución posterior de la matemática griega.

El tratamiento sistemático de lo inconmensurable encuentra su expresión más acabada en Elementos de Euclides, donde el libro X desarrolla una teoría rigurosa de las magnitudes inconmensurables sin reducirlas a relaciones numéricas simples.[2] Aunque esta obra es posterior al período pitagórico temprano, refleja la respuesta intelectual a un problema que había emergido en el seno de la tradición. La solución euclidiana no niega el ideal de orden, sino que lo preserva mediante una formalización más precisa y menos dependiente de la aritmética elemental.

Las consecuencias filosóficas de esta crisis fueron profundas. Para los Mathematikoí, la inconmensurabilidad mostró que el orden del mundo no siempre se deja capturar por esquemas simples y que la razón debe aceptar niveles de complejidad mayores de lo previsto. El reconocimiento de límites en la representación aritmética no implicó un abandono del ideal de inteligibilidad, sino una invitación a una comprensión más matizada del número y de la proporción. El cosmos sigue siendo ordenado, pero ese orden no se reduce a la aritmética elemental.

Desde el punto de vista ético y existencial, este episodio ofrece una enseñanza significativa. La vida conforme a la medida no consiste en imponer esquemas rígidos a una realidad que los desborda, sino en ajustar continuamente la comprensión a la complejidad de lo real. La aceptación de lo inconmensurable exige humildad intelectual y capacidad de revisión, virtudes que se integran de manera natural en el ideal matematikoí de formación interior. La medida no desaparece; se vuelve más exigente.

Comprender la crisis de lo inconmensurable permite, por tanto, evitar una imagen estática del pitagorismo. Lejos de ser un sistema cerrado, la tradición de los Mathematikoí se muestra capaz de enfrentar problemas reales y de transformar sus categorías sin renunciar a sus principios fundamentales. Este episodio prepara el terreno para los desarrollos posteriores de la teoría de números y para una comprensión más rica de la relación entre aritmética, geometría y orden del cosmos, que será el objeto de los capítulos siguientes.

Notas

1. Aristóteles, Analíticos Posteriores, I, 23, 41a26–b2 (numeración Bekker), ed. W. D. Ross, Aristotelis Analytica Posteriora, Oxford Classical Texts, Oxford, 1949; trad. esp. Valentín García Yebra, Analíticos Posteriores, Gredos, Madrid. Véase también Aristóteles, Metafísica, A, 5, ed. W. D. Ross, Aristotelis Metaphysica, Oxford Classical Texts, Oxford, 1924; trad. esp. Valentín García Yebra, Metafísica, Gredos, Madrid.
2. Euclides, Elementos, libro X, ed. J. L. Heiberg y H. Menge, Euclidis Elementa, vols. I–V, Teubner, Leipzig, 1883–1888; trad. ingl. T. L. Heath, The Thirteen Books of Euclid's Elements, Cambridge University Press, Cambridge, 1908; trad. esp. María Luisa Puertas Castaños, Los Elementos, Gredos, Madrid.

CAPÍTULO XVII

Teoría de números I: divisibilidad y clasificación

La teoría de números ocupa un lugar privilegiado en el horizonte intelectual de los Mathematikoí. No se trataba únicamente de contar o calcular, sino de comprender la estructura interna del número, es decir, las relaciones que hacen posible distinguir, ordenar y clasificar. La noción de divisibilidad constituye el punto de partida de esta reflexión: un número revela su naturaleza a través de las relaciones que mantiene con otros números, especialmente con aquellos que lo miden o lo componen.

La divisibilidad permite establecer una primera clasificación fundamental. Un número es inteligible en la medida en que puede ser analizado en términos de partes y relaciones. Esta operación no es puramente técnica; expresa una concepción del número como orden articulado, no como unidad indiferenciada. La atención a los divisores introduce la idea de estructura interna y prepara el terreno para comprender propiedades más complejas. Esta formulación debe entenderse como paráfrasis razonada, coherente con la centralidad pitagórica de la relación frente a la mera cantidad.

Las fuentes antiguas sugieren que los pitagóricos distinguieron tempranamente entre distintos tipos de números según su comportamiento divisional. La oposición entre números pares e impares constituye el eje más conocido, pero no el único. A partir de ella, se desarrollaron clasificaciones que atendían a la composición del número y a su capacidad de ser descompuesto en partes iguales o desiguales. Estas distinciones no eran arbitrarias: permitían reconocer regularidades y establecer analogías con otros ámbitos del orden, como la música o la ética de la medida.

Un punto de referencia esencial para sistematizar estas nociones se encuentra en la tradición geométrica y aritmética recogida por Euclides en los Elementos. En los libros VII a IX, Euclides presenta definiciones y proposiciones relativas a la divisibilidad, los múltiplos y los números primos, ofreciendo un marco formal que preserva y depura desarrollos anteriores.[1] Aunque esta sistematización es posterior al período pitagórico temprano, refleja con claridad el tipo de problemas que ya se habían planteado en el seno de la tradición: cómo definir el número a partir de sus relaciones internas.

Desde una perspectiva filosófica, Aristóteles reconoce que los pitagóricos otorgaron al número un estatuto explicativo privilegiado precisamente por su capacidad de introducir orden y distinción.[2] La divisibilidad permite pensar el número como principio de clasificación, y la clasificación como condición de inteligibilidad. Si algo puede dividirse y recomponerse conforme a reglas, puede ser conocido; si no, permanece indeterminado. Esta idea, aunque formulada aquí como paráfrasis, es coherente con la asociación pitagórica entre límite, forma y conocimiento.

La clasificación numérica no se agotaba en la distinción entre par e impar. Los Mathematikoí exploraron también relaciones como la igualdad y la desigualdad, la simetría y la asimetría, preparando el camino para nociones más específicas que se desarrollarán en el capítulo siguiente. La divisibilidad introduce, así, una gramática del número, un conjunto de criterios que permiten describir y comparar estructuras numéricas sin reducirlas a meras cantidades.

Este enfoque tiene consecuencias que trascienden la aritmética. La atención a la divisibilidad educa la mente para reconocer relaciones proporcionales y para distinguir lo esencial de lo accesorio. Aprender a clasificar números conforme a su estructura interna equivale, en cierto sentido, a aprender a clasificar la experiencia conforme a principios de orden. El número se convierte, así, en un modelo cognitivo que orienta tanto el pensamiento matemático como la reflexión filosófica.

Con este capítulo se establece el fundamento de la teoría de números en su dimensión más elemental: la divisibilidad y la clasificación. Sobre esta base se desarrollará, en el capítulo siguiente, una de las nociones más significativas y simbólicamente cargadas de la tradición pitagórica: la distinción entre números deficientes, abundantes y perfectos, y el lugar singular que estos últimos ocupan en la concepción del orden natural.

Notas

1. Euclides, Elementos, libros VII–IX, ed. J. L. Heiberg y H. Menge, Euclidis Elementa, vols. II–III, Teubner, Leipzig, 1883–1888; trad. ingl. T. L. Heath, The Thirteen Books of Euclid's Elements, Cambridge University Press, Cambridge, 1908; trad. esp. María Luisa Puertas Castaños, Los Elementos, Gredos, Madrid.
2. Aristóteles, Metafísica, A, 5, 986a15–986b8 (numeración Bekker), ed. W. D. Ross, Aristotelis Metaphysica, Oxford Classical Texts, Oxford, 1924; trad. esp. Valentín García Yebra, Metafísica, Gredos, Madrid.

CAPÍTULO XVIII

Teoría de números II: números perfectos y armonía natural

Dentro de la teoría de números cultivada en la tradición pitagórica, la distinción entre números deficientes, abundantes y perfectos ocupa un lugar singular. Esta clasificación no responde a una curiosidad terminológica ni a una valoración estética arbitraria, sino a una reflexión profunda sobre la relación entre parte y totalidad. Para los Mathematikoí, el modo en que un número se compone a partir de sus divisores ofrecía una clave privilegiada para pensar el orden, la suficiencia y el equilibrio, tanto en el ámbito matemático como en la comprensión de la naturaleza.

Un número se denomina deficiente cuando la suma de sus divisores propios es menor que el número mismo; abundante, cuando dicha suma lo supera; y perfecto, cuando la suma de sus divisores propios es exactamente igual al número. Esta definición, que puede formularse con precisión matemática, expresa una idea más amplia: el número perfecto es aquel en el que las partes guardan una relación de completa adecuación con el todo. Nada falta y nada sobra. Esta formulación constituye una paráfrasis razonada del sentido que la tradición pitagórica atribuyó a la perfección numérica, más allá de la definición técnica.

El primer ejemplo conocido de número perfecto es el seis, cuyos divisores propios (1, 2 y 3) suman el propio número. A él le sigue el veintiocho, y así sucesivamente. Estos números no eran considerados especiales únicamente por su rareza, sino porque encarnaban de manera ejemplar la idea de armonía. El equilibrio exacto entre partes y totalidad ofrecía un modelo conceptual para pensar el orden natural, en contraste con los casos de exceso o carencia representados por los números abundantes y deficientes.

Un marco formal para esta concepción se encuentra en la obra de Euclides, quien, en los Elementos, presenta la relación entre ciertos números y sus divisores en el contexto de la teoría de números. En el libro IX, Euclides demuestra que, cuando un número de la forma $2^{p-1}(2^p - 1)$ es entero, resulta ser perfecto, siempre que $2^p - 1$ sea primo.[1] Aunque esta demostración pertenece a una etapa posterior y más formalizada de la matemática griega, refleja la consolidación de una intuición anterior: la existencia de una estructura regular que vincula perfección numérica y propiedades aritméticas profundas.

La tradición posterior, representada de manera destacada por Nicómaco de Gerasa, retomó y desarrolló estas ideas, subrayando explícitamente el carácter simbólico y cosmológico de los números perfectos.[2] Nicómaco presenta la clasificación entre números deficientes, abundantes y perfectos como una analogía matemática de distintos estados de equilibrio y desequilibrio en la naturaleza. Aunque su obra pertenece a un período más tardío y presenta una sistematización influida por corrientes filosóficas posteriores, conserva elementos fundamentales del horizonte pitagórico.

Para los Mathematikoí, el interés por los números perfectos no implicaba una reducción de la naturaleza a una lista de propiedades aritméticas. La armonía natural no se identificaba literalmente con el número perfecto, sino que encontraba en él una imagen conceptual. El número perfecto ofrecía un criterio para pensar la adecuación entre partes y totalidad, una relación que podía observarse tanto en estructuras naturales como en la vida humana ordenada. La perfección no era entendida como ausencia de cambio, sino como equilibrio dinámico.

Desde un punto de vista filosófico, esta concepción refuerza la idea de que la matemática pitagórica no se desarrolló al margen de la reflexión sobre el mundo. El estudio de los números perfectos revela una sensibilidad particular hacia la estructura interna del orden, una atención a la suficiencia y a la proporción que trasciende el cálculo. El número se convierte así en un lenguaje del equilibrio, capaz de expresar, en términos rigurosos, una intuición fundamental sobre la coherencia del cosmos.

Comprender el lugar de los números perfectos dentro de la teoría pitagórica permite evitar dos interpretaciones erróneas. Por un lado, no se trata de una numerología mística desligada del rigor matemático; por otro, tampoco de una aritmética neutral carente de implicaciones filosóficas. Para los Mathematikoí, la perfección numérica señala un punto de convergencia entre estructura matemática y orden natural. En el capítulo siguiente, esta convergencia se ampliará al ámbito de la geometría, donde el número adquiere forma espacial y se convierte en lenguaje del orden visible.

Notas

1. Euclides, Elementos, libro IX, proposiciones 36–37, ed. J. L. Heiberg y H. Menge, Euclidis Elementa, vol. II, Teubner, Leipzig, 1884; trad. ingl. T. L. Heath, The Thirteen Books of Euclid's Elements, Cambridge University Press, Cambridge, 1908; trad. esp. María Luisa Puertas Castaños, Los Elementos, Gredos, Madrid.
2. Nicómaco de Gerasa, Introducción a la aritmética, I, 16, ed. R. Hoche, Nicomachi Geraseni Introductionis Arithmeticae Libri II, Teubner, Leipzig, 1866; trad. ingl. M. L. D'Ooge, Introduction to Arithmetic, University of Michigan Press, Ann Arbor, 1926; trad. esp. (selecciones) en J. L. Calvo Martínez, Introducción a la aritmética, Gredos, Madrid.

CAPÍTULO XIX

Geometría como lenguaje del orden universal

Para los Mathematikoí, la geometría no era una disciplina auxiliar ni una simple aplicación visual de la aritmética. Constituía un lenguaje privilegiado del orden, capaz de mostrar de manera sensible las relaciones que el número expresa de forma abstracta. Allí donde la aritmética revela estructuras mediante relaciones discretas, la geometría las manifiesta en la extensión, la figura y la proporción visible. Ambas disciplinas, lejos de oponerse, se complementan como dos modos de acceso a una misma inteligibilidad.

La geometría permite pensar el orden como forma. Las figuras no se reducen a contornos, sino que encarnan relaciones necesarias: igualdad, simetría, proporción, continuidad. En este sentido, comprender una figura geométrica equivale a reconocer un conjunto de relaciones invariantes. Esta comprensión no es empírica, sino intelectual, aun cuando se apoye en la visualización. La figura se convierte así en mediadora entre lo sensible y lo inteligible, una función que explica la centralidad de la geometría en la educación pitagórica. Esta afirmación debe leerse como paráfrasis razonada, coherente con la tradición que vincula figura, número y conocimiento.

Un testimonio filosófico decisivo para situar esta concepción es la reflexión de Platón en la República, donde la geometría aparece como una disciplina que orienta el alma hacia lo que es siempre, apartándola de lo que deviene.[1] Platón subraya que el estudio de las figuras no se valora por su utilidad práctica inmediata, sino por su capacidad para habituar el pensamiento a tratar con relaciones necesarias. Esta función formativa coincide plenamente con el ideal de los Matematikoí, para quienes la geometría educa la mente en la estabilidad del orden.

Desde una perspectiva histórica, la sistematización geométrica alcanzada por Euclides en los Elementos ofrece una expresión madura de este ideal.[2] Aunque la obra euclidiana es posterior al período pitagórico temprano, preserva el espíritu de una geometría concebida como ciencia de las relaciones y no como mera técnica constructiva. Definiciones, axiomas y proposiciones articulan un cuerpo de conocimiento en el que cada resultado se sigue necesariamente de principios previos, reproduciendo en el plano del pensamiento el orden que se atribuye al cosmos.

Para los Mathematikoí, la geometría también ofrecía un modelo de armonía visible. La regularidad de las figuras, la correspondencia entre partes y totalidad, y la posibilidad de demostrar propiedades universales a partir de casos particulares reforzaban la convicción de que el mundo es racionalmente estructurado. La figura geométrica no se contemplaba como un objeto aislado, sino como un ejemplo de cómo la medida y la proporción hacen posible la coherencia.

Esta función ejemplar de la geometría tiene consecuencias éticas y existenciales. Así como una figura es armónica cuando cada uno de sus elementos ocupa el lugar que le corresponde, la vida humana alcanza su equilibrio cuando las facultades del alma se ordenan conforme a una relación justa. La geometría no prescribe directamente conductas, pero ofrece un paradigma de orden que puede ser trasladado, por analogía, a la formación interior. Esta transferencia analógica explica por qué el estudio de las figuras formaba parte de un programa educativo orientado a la vida buena.

La geometría permite, además, integrar el problema de la continuidad, que había puesto en tensión la aritmética con el descubrimiento de lo inconmensurable. Mientras el número discreto encuentra límites en ciertas relaciones, la geometría ofrece un marco para pensar la magnitud continua sin renunciar al rigor. Esta complementariedad entre aritmética y geometría preserva el ideal pitagórico de inteligibilidad frente a la complejidad de lo real.

Comprender la geometría como lenguaje del orden universal permite, en definitiva, situar correctamente su papel dentro del proyecto de los Matematikoí. No se trata de una ciencia aislada, sino de un puente entre número, cosmos y formación humana. En los capítulos siguientes, este puente se extenderá hacia el ámbito de la música, donde la proporción geométrica se transforma en relación audible y la armonía se convierte en experiencia sensible del orden.

Notas

1. Platón, República, VII, 526c–527c, ed. J. Burnet, Platonis Opera, vol. IV, Oxford Classical Texts, Oxford, 1902; trad. esp. Conrado Eggers Lan, República, Gredos, Madrid.
2. Euclides, Elementos, libros I–VI, ed. J. L. Heiberg y H. Menge, Euclidis Elementa, vols. I–II, Teubner, Leipzig, 1883–1884; trad. ingl. T. L. Heath, The Thirteen Books of Euclid's Elements, Cambridge University Press, Cambridge, 1908; trad. esp. María Luisa Puertas Castaños, Los Elementos, Gredos, Madrid.

PARTE V

MÚSICA, ARMONÍA Y ALMA

CAPÍTULO XX

Música como matemática audible

En la tradición de los Mathematikoí, la música ocupa un lugar singular como punto de convergencia entre número, proporción y experiencia sensible. Si la aritmética expresa el orden en términos abstractos y la geometría lo hace visible en la figura, la música lo vuelve audible. No se trata, por tanto, de un arte subordinado al placer, sino de una disciplina cognitiva capaz de revelar, mediante el sonido, las mismas relaciones que rigen el orden del cosmos.

La idea central que sostiene esta concepción es que los intervalos musicales se corresponden con relaciones numéricas simples. La consonancia no depende de una impresión subjetiva arbitraria, sino de proporciones estables entre longitudes, tensiones o frecuencias. Esta constatación, atribuida tradicionalmente al ámbito pitagórico, permitió reconocer que el orden audible responde a las mismas leyes de relación que el orden visible y el orden inteligible. Esta formulación debe entenderse como paráfrasis razonada, coherente con el uso sistemático de la proporción como principio explicativo en la tradición pitagórica.

Un testimonio antiguo fundamental para esta concepción se encuentra en Aristóteles, quien reconoce que los pitagóricos vincularon la armonía musical con relaciones numéricas y consideraron la música como una manifestación del orden.[1] Aunque Aristóteles analiza este enfoque con cierta distancia crítica, su testimonio confirma que la música ocupaba un lugar teórico relevante dentro del pitagorismo y no era concebida meramente como entretenimiento.

Desde una perspectiva filosófica más amplia, Platón otorga a la música una función formativa esencial. En la República, Platón sostiene que la educación musical moldea el carácter, ya que introduce al alma en un régimen de armonía y medida antes incluso de que la razón pueda formular principios explícitos.[2] Esta función educativa de la música coincide plenamente con el ideal de los Matematikoí, para quienes la experiencia sonora preparaba al alma para reconocer el orden racional del mundo.

La música, en este contexto, no se reduce a una técnica instrumental. Es una experiencia estructurada que permite al oyente participar de relaciones proporcionales sin necesidad de formularlas conceptualmente. Escuchar una consonancia equivale a percibir una relación estable; habituarse a ella es entrenar la sensibilidad para el orden. De este modo, la música actúa como un puente entre la comprensión intelectual del número y la vida afectiva del individuo.

Esta concepción explica por qué la música desempeñaba un papel destacado en la formación de los Mathematikoí. La armonía audible no sólo reflejaba el orden del cosmos, sino que contribuía activamente a la armonización del alma. La música podía calmar, equilibrar y orientar las emociones, facilitando una disposición interior favorable al estudio y a la disciplina. Esta función terapéutica, entendida aquí como paráfrasis, se apoya en la coherencia general entre música, ética y conocimiento que atraviesa la tradición pitagórica.

La idea de música como matemática audible permite, además, comprender la continuidad entre distintos niveles del saber pitagórico. El número se expresa en la figura, la figura se expresa en la proporción, y la proporción se hace sonido. Esta continuidad refuerza la convicción de que el mundo es inteligible en todos sus niveles y que el ser humano puede acceder a ese orden tanto mediante el pensamiento como mediante la experiencia sensible educada.

Con este capítulo se abre la sección dedicada a la música como ámbito específico del pensamiento pitagórico. En los capítulos siguientes se examinarán con mayor detalle los intervalos, las proporciones y la construcción de escalas, así como el papel de la música en la purificación del carácter y en la concepción de la armonía universal.

Notas

1. Aristóteles, Política, VIII, 5–7, 1340b–1341b (numeración Bekker), ed. W. D. Ross, Aristotelis Politica, Oxford Classical Texts, Oxford, 1957; trad. esp. Julián Marías y María Araujo, Política, Centro de Estudios Constitucionales, Madrid.
2. Platón, República, III, 401d–402a, ed. J. Burnet, Platonis Opera, vol. IV, Oxford Classical Texts, Oxford, 1902; trad. esp. Conrado Eggers Lan, República, Gredos, Madrid.

CAPÍTULO XXI

Intervalos, proporciones y construcción de escalas

La teoría musical desarrollada en el ámbito de los Mathematikoí se apoya en una idea fundamental: los intervalos que percibimos como consonantes responden a proporciones numéricas simples. La música no surge del azar ni de la mera convención cultural, sino de relaciones estables que pueden ser expresadas y comprendidas racionalmente. Esta convicción permitió construir un puente sólido entre aritmética, geometría y experiencia sonora.

El intervalo constituye la unidad básica del pensamiento musical pitagórico. Un intervalo no se define por la cualidad subjetiva del sonido, sino por la relación entre dos magnitudes sonoras. En términos conceptuales, se trata de una proporción: dos sonidos guardan entre sí una relación que puede expresarse mediante números enteros sencillos. Esta formulación debe entenderse como paráfrasis razonada, coherente con la centralidad de la proporción como principio explicativo del orden audible.

Las fuentes antiguas atribuyen a la tradición pitagórica la identificación de ciertos intervalos fundamentales: la octava, la quinta y la cuarta, asociadas a proporciones simples. La octava expresa una relación de duplicación, la quinta una relación de tres a dos y la cuarta una relación de cuatro a tres. Estas relaciones no se consideraban arbitrarias, sino estructurales: su simplicidad numérica explicaba su estabilidad perceptiva y su consonancia. La música se convertía así en una confirmación sensible de la inteligibilidad del número.

Un testimonio filosófico relevante para esta concepción se encuentra en Aristóteles, quien reconoce que la armonía musical se explica mediante proporciones y que ciertas relaciones producen consonancia por su estructura numérica.[1] Aunque Aristóteles no desarrolla una teoría matemática de la música en sentido estricto, su análisis confirma que el pensamiento griego comprendió tempranamente la relación entre número e intervalo como un fenómeno objetivo, no meramente psicológico.

La construcción de escalas a partir de estos intervalos fundamentales refleja un principio de orden progresivo. Una escala no es una sucesión arbitraria de sonidos, sino una disposición jerárquica de intervalos que mantiene coherencia interna. En el ámbito pitagórico, la escala se concebía como una articulación de relaciones proporcionales que podía ser recorrida y comprendida. Este recorrido no era sólo auditivo, sino intelectual: reconocer una escala equivalía a reconocer una estructura ordenada.

Desde una perspectiva educativa, Platón subraya que la correcta organización de los intervalos es esencial para la formación del carácter. En la República, Platón advierte que alterar las formas musicales sin criterio afecta directamente al orden del alma y de la ciudad.[2] Esta afirmación, aunque formulada en un contexto propio, resulta plenamente compatible con el ideal matematikoí, para el cual la estabilidad de las proporciones musicales refleja y refuerza la estabilidad interior.

La importancia concedida a los intervalos y a la construcción de escalas no implica una uniformidad rígida de prácticas musicales. Los Matematikoí no buscaban imponer un repertorio cerrado, sino comprender los principios que hacen posible la consonancia y la coherencia sonora. La escala funciona, en este sentido, como un modelo de orden, no como una prescripción estética absoluta. Lo decisivo es la relación proporcional, no la forma concreta que adopte en cada contexto.

La teoría de los intervalos permite, además, comprender la música como una disciplina intermedia entre lo abstracto y lo sensible. El número se hace audible sin perder su estructura; el sonido se ordena sin perder su vitalidad. Esta mediación explica por qué la música desempeñó un papel tan destacado en la formación de los

Mathematikoí: escuchar intervalos proporcionados era, al mismo tiempo, ejercitar la sensibilidad y confirmar racionalmente la inteligibilidad del mundo.

Con este capítulo se completa el análisis técnico de la música pitagórica en su dimensión estructural. En el capítulo siguiente se examinará cómo estas relaciones sonoras no sólo explican la consonancia, sino que desempeñan una función ética y purificadora, orientada a la formación del carácter y a la armonización del alma.

Notas

1. Aristóteles, Problemata, XIX, 38, ed. I. Bekker, Aristotelis Opera, vol. IV, Academia Regia Borussica, Berlín, 1837; trad. ingl. W. S. Hett, Problems, Harvard University Press / Loeb Classical Library, Cambridge–London, 1936. Véase también Aristóteles, Política, VIII, ed. W. D. Ross, Aristotelis Politica, Oxford Classical Texts, Oxford, 1957; trad. esp. Julián Marías y María Araujo, Política, Centro de Estudios Constitucionales, Madrid.

2. Platón, República, IV, 424c–425a, ed. J. Burnet, Platonis Opera, vol. IV, Oxford Classical Texts, Oxford, 1902; trad. esp. Conrado Eggers Lan, República, Gredos, Madrid.

CAPÍTULO XXII

Música y purificación del carácter

En la tradición de los Mathematikoí, la música no se limitaba a revelar el orden del número en el ámbito audible; desempeñaba además una función formativa y purificadora del carácter. La armonía sonora actuaba directamente sobre las disposiciones del alma, introduciendo equilibrio allí donde había exceso, dispersión o desorden. Esta función no debe entenderse en términos terapéuticos modernos, sino como parte de una pedagogía integral orientada a la transformación interior.

La convicción fundamental que sostiene esta concepción es que el alma humana responde a las mismas relaciones de proporción que rigen el cosmos. Si el desorden se manifiesta como ruptura de la medida, la música —estructurada conforme a proporciones estables— puede reintroducir un régimen de armonía. Escuchar música bien ordenada equivale, así, a someter la sensibilidad a un patrón de relaciones que educa gradualmente las emociones y las inclinaciones. Esta formulación constituye una paráfrasis razonada, coherente con la unidad pitagórica entre número, armonía y vida ética.

Las fuentes antiguas atribuyen a la tradición pitagórica el uso deliberado de la música como medio de regulación del ánimo. Ciertos modos y ritmos eran considerados apropiados para calmar la agitación, favorecer el recogimiento o preparar el espíritu para el estudio. Esta práctica no se apoyaba en una psicología empírica en sentido moderno, sino en la analogía entre la estructura del alma y la estructura del orden musical. La música se convertía, de este modo, en una forma de disciplina sensible.

Un testimonio filosófico significativo para esta concepción se encuentra en Platón, quien afirma que la educación musical es decisiva para la formación del carácter, ya que introduce tempranamente al alma en un régimen de armonía y medida. En la República, Platón sostiene que los ritmos y las armonías penetran profundamente en el alma y moldean su disposición ética.[1] Esta afirmación, formulada en un contexto propio, coincide con el ideal matematikoí de la música como instrumento de purificación interior.

Desde una perspectiva complementaria, Aristóteles reconoce que la música ejerce una influencia directa sobre las emociones y puede producir efectos de katharsis. En la Política, Aristóteles analiza la función de la música en la educación y en la vida cívica, señalando su capacidad para ordenar las pasiones cuando se emplea conforme a criterios adecuados.[2] Aunque Aristóteles no adopta plenamente la interpretación pitagórica, su análisis confirma que la música era considerada una fuerza formativa real y no un mero entretenimiento.

Para los Mathematikoí, la purificación del carácter mediante la música no sustituía al ejercicio del juicio ni a la disciplina ética. La música preparaba el terreno, creando una disposición favorable para el conocimiento y el autocontrol. Escuchar armonía facilitaba la interiorización de la medida, pero no dispensaba del esfuerzo personal ni de la práctica consciente. La purificación era un proceso continuo, sostenido por múltiples dimensiones de la formación.

Esta concepción explica por qué la música ocupaba un lugar específico dentro del programa educativo pitagórico. No se trataba de un adorno cultural, sino de un medio para alinear la vida afectiva con el orden racional. La armonía sonora ofrecía un modelo sensible de equilibrio que podía ser imitado en la conducta y en el pensamiento. El carácter se afinaba del mismo modo que un instrumento: mediante la repetición de relaciones correctas.

Comprender la función purificadora de la música permite apreciar con mayor profundidad la unidad del proyecto matematikoí. El número, la figura y el sonido no constituyen ámbitos separados, sino expresiones diversas de un mismo principio de orden. La música traduce ese principio en experiencia inmediata, haciendo posible una educación del alma que no se limita a la abstracción. En el capítulo siguiente, esta armonía audible se ampliará hacia una concepción más vasta: la idea de una armonía universal que vincula música, cosmos y movimiento celeste.

Notas

1. Platón, República, III, 401d–402a, ed. J. Burnet, Platonis Opera, vol. IV, Oxford Classical Texts, Oxford, 1902; trad. esp. Conrado Eggers Lan, República, Gredos, Madrid.
2. Aristóteles, Política, VIII, 7, 1341b–1342a (numeración Bekker), ed. W. D. Ross, Aristotelis Politica, Oxford Classical Texts, Oxford, 1957; trad. esp. Julián Marías y María Araujo, Política, Centro de Estudios Constitucionales, Madrid.

CAPÍTULO XXIII

Percepción sonora y diversidad cultural

La concepción pitagórica de la música como manifestación objetiva del número no ignora el hecho de que la percepción sonora está mediada por el cuerpo, la costumbre y el contexto cultural. Para los Mathematikoí, la existencia de proporciones armónicas universales no elimina la diversidad de formas musicales ni la variedad de respuestas humanas al sonido. Antes bien, plantea una distinción fundamental entre los principios estructurales de la armonía y las formas concretas que estos principios adoptan en distintas tradiciones.

Desde esta perspectiva, la consonancia no se define exclusivamente por la reacción subjetiva del oyente, sino por la estabilidad de ciertas relaciones proporcionales. Sin embargo, la manera en que esas relaciones son percibidas, valoradas y empleadas varía según la educación musical, las prácticas sociales y los hábitos auditivos. Esta afirmación debe entenderse como paráfrasis razonada, coherente con la distinción pitagórica entre orden objetivo y experiencia sensible mediada.

La reflexión antigua sobre la diversidad musical reconoce explícitamente esta tensión. Platón, en la República y en las Leyes, advierte que los cambios en las formas musicales afectan profundamente al carácter de los individuos y de las comunidades.[1] Platón no niega la existencia de principios armónicos, pero subraya que su aplicación concreta depende de normas educativas y de contextos culturales específicos. La música, precisamente por su poder formativo, no puede desligarse de las costumbres y valores de una sociedad.

Desde otro ángulo, Aristóteles ofrece un análisis más descriptivo de la pluralidad musical. En la Política, Aristóteles distingue entre distintos usos de la música —educativo, recreativo y catártico— y reconoce que no todos los modos y ritmos producen los mismos efectos en todos los oyentes.[2] Esta observación introduce un elemento de relatividad controlada: la música actúa conforme a principios generales, pero su eficacia depende de la disposición del oyente y del contexto en que se escucha.

Para los Mathematikoí, esta diversidad no constituye una objeción a la idea de armonía universal. Al contrario, confirma que el orden puede expresarse de múltiples maneras sin perder su estructura fundamental. La proporción es una, pero sus encarnaciones son muchas. Del mismo modo que una figura geométrica puede trazarse en distintos tamaños sin perder su forma, la armonía puede realizarse en escalas, ritmos y prácticas musicales diversas sin abandonar su fundamento numérico.

Esta concepción permite evitar dos errores frecuentes. Por un lado, el universalismo rígido, que pretende imponer una forma musical única como expresión exclusiva del orden. Por otro, el relativismo radical, que reduce la música a una convención sin fundamento estructural. La posición matematikoí se sitúa entre ambos extremos: reconoce principios objetivos de orden, pero admite una pluralidad legítima de realizaciones culturales.

Desde el punto de vista educativo, esta distinción resulta crucial. La formación musical no consiste en imponer un repertorio cerrado, sino en educar la percepción para reconocer la proporción y la medida allí donde se manifiesten. Aprender a escuchar no es sólo adquirir una preferencia estética, sino desarrollar una sensibilidad capaz de discernir relaciones estables en medio de la variedad sonora. Esta sensibilidad, una vez formada, puede adaptarse a contextos culturales diversos sin perder su orientación hacia el orden.

La diversidad cultural de las prácticas musicales refuerza, en última instancia, la idea de que la armonía no es un objeto fijo, sino una relación viva entre estructura y experiencia. Para los Matematikoí, comprender esta relación significaba reconocer que el número se hace audible de modos distintos según el tiempo, el lugar y la comunidad, sin dejar por ello de ser número. En el capítulo siguiente, esta comprensión de la armonía se ampliará al ámbito del cosmos, donde la diversidad de movimientos se integra en una concepción unitaria del orden universal.

Notas

1. Platón, República, IV, 424c–425a, y Leyes, II, 664d–665a, ed. J. Burnet, Platonis Opera, vols. IV–V, Oxford Classical Texts, Oxford, 1902–1907; trad. esp. Conrado Eggers Lan, República, Gredos, Madrid; y Francisco Lisi, Leyes, Gredos, Madrid.
2. Aristóteles, Política, VIII, 6–7, 1341a–1342a (numeración Bekker), ed. W. D. Ross, Aristotelis Politica, Oxford Classical Texts, Oxford, 1957; trad. esp. Julián Marías y María Araujo, Política, Centro de Estudios Constitucionales, Madrid.

CAPÍTULO XXIV

Armonía del cosmos y movimiento celeste

La idea de una armonía del cosmos constituye uno de los puntos de convergencia más significativos del pensamiento de los Mathematikoí. Si el número rige la proporción, y la proporción explica la consonancia musical, resulta coherente extender este principio al movimiento de los cuerpos celestes. El cielo no se concibe como un ámbito caótico o puramente mecánico, sino como una estructura ordenada cuyos movimientos obedecen a relaciones regulares y, por tanto, inteligibles.

En la tradición pitagórica, el movimiento celeste se interpreta a partir de la noción de orden rítmico. Los astros describen trayectorias constantes, retornan a posiciones determinadas y mantienen entre sí relaciones estables. Este comportamiento regular no se explica por azar, sino por la presencia de una estructura proporcional subyacente. La armonía del cosmos no debe entenderse aquí como un sonido físico perceptible, sino como una analogía conceptual: así como la música organiza el sonido mediante proporciones, el cosmos organiza el movimiento mediante relaciones regulares. Esta formulación constituye una paráfrasis razonada, coherente con la extensión pitagórica del concepto de armonía más allá del ámbito estrictamente musical.

Un testimonio antiguo fundamental para esta concepción se encuentra en Aristóteles, quien, al exponer críticamente las doctrinas pitagóricas, menciona la idea de que los movimientos de los cuerpos celestes se corresponden con relaciones armónicas.[1] Aristóteles cuestiona la literalidad de esta concepción —especialmente la idea de un sonido cósmico audible—, pero su análisis confirma que los pitagóricos entendían el cielo como una estructura regida por proporción y orden.

La crítica aristotélica no invalida el núcleo de la idea, sino que ayuda a distinguir entre metáfora y explicación física.

Desde una perspectiva cosmológica más elaborada, Platón desarrolla en el Timeo una concepción del universo como un todo ordenado conforme a relaciones matemáticas. Platón describe los movimientos del alma del mundo y de los cuerpos celestes como expresiones de una inteligencia ordenadora que se manifiesta en ciclos regulares y proporciones numéricas.[2] Aunque el Timeo pertenece a un marco filosófico propio, su deuda con el pensamiento pitagórico es explícita y confirma la centralidad de la armonía como principio explicativo del movimiento celeste.

Para los Mathematikoí, la armonía del cosmos no es una hipótesis astronómica aislada, sino una consecuencia de una visión unitaria del mundo. El mismo principio que hace consonante un intervalo musical y proporcionada una figura geométrica explica la regularidad de los cielos. El cosmos aparece así como una totalidad coherente, en la que cada nivel de realidad refleja un mismo orden fundamental. Esta coherencia permite comprender por qué el estudio del cielo no se separaba del estudio del número ni de la formación ética del individuo.

La noción de armonía cósmica tiene, además, una dimensión formativa. Contemplar el orden del cielo educa la mente en la estabilidad, la regularidad y la permanencia. Frente a la mutabilidad del mundo sublunar, el movimiento regular de los astros ofrece un modelo de constancia que puede ser interiorizado por el ser humano. Esta interiorización no implica imitar literalmente el movimiento celeste, sino adoptar su principio: vivir conforme a una medida estable y reconocible.

Es importante subrayar que la armonía del cosmos no elimina la complejidad ni la diversidad de los fenómenos celestes. Los movimientos pueden ser múltiples, los ciclos distintos y las trayectorias variadas, pero todos se integran en un marco de regularidad inteligible. La armonía no es uniformidad, sino coordinación de diferencias. Este matiz resulta esencial para evitar interpretaciones simplistas de la cosmología pitagórica.

Comprender la armonía del cosmos permite situar correctamente la famosa imagen de la "música de las esferas". Más que una teoría acústica literal, se trata de una imagen filosófica destinada a expresar la idea de que el universo, en su conjunto, responde a un orden proporcional comparable al de la música. Para los Mathematikoí, esta imagen resume una convicción profunda: el mundo es racionalmente estructurado y, por ello, puede ser conocido, contemplado y, en cierto modo, habitado conforme a su orden.

En el capítulo siguiente, esta concepción de la armonía cósmica se pondrá en relación directa con la vida humana, examinando cómo el orden del universo sirve de referencia para la armonización del alma y para la comprensión del lugar del ser humano dentro del todo.

Notas

1. Aristóteles, De caelo, II, 9, 290b12–291a10 (numeración Bekker), ed. D. J. Allan, Aristotelis De Caelo, Oxford Classical Texts, Oxford, 1936; trad. esp. Valentín García Yebra, Del cielo, Gredos, Madrid.
2. Platón, Timeo, 36c–38c, ed. J. Burnet, Platonis Opera, vol. IV, Oxford Classical Texts, Oxford, 1902; trad. esp. Francisco Lisi, Timeo, Gredos, Madrid.

PARTE VI

CIENCIA ANTIGUA Y VISIÓN DEL MUNDO

CAPÍTULO XXV

El ser humano en el cosmos: microcosmos y macrocosmos

La relación entre el ser humano y el cosmos ocupa un lugar central en la visión de los Mathematikoí. El universo no es un escenario indiferente en el que el hombre se encuentra por azar, sino un orden estructurado al que el ser humano pertenece de manera significativa. Esta pertenencia se expresa mediante la analogía entre microcosmos y macrocosmos, una idea que no pretende establecer una identidad literal entre ambos, sino señalar una correspondencia estructural fundada en el número, la proporción y la armonía.

Desde la perspectiva pitagórica, el ser humano refleja en su constitución interna el mismo principio de orden que rige el universo. Así como el cosmos está articulado mediante relaciones proporcionales entre sus partes, el alma humana se concibe como una totalidad compuesta que debe mantener un equilibrio interno. Esta formulación constituye una paráfrasis razonada, coherente con la extensión pitagórica del concepto de armonía desde el ámbito cósmico al antropológico. El microcosmos humano no reproduce el universo en miniatura, pero participa de su misma lógica estructural.

Un punto de referencia filosófico fundamental para esta concepción es el Platón del Timeo, donde el ser humano aparece como parte de un cosmos ordenado racionalmente y dotado de alma. Platón describe al hombre como un viviente cuya estructura participa del orden universal, y cuya tarea consiste en orientar su vida conforme a la racionalidad que gobierna el todo.[1] Aunque el Timeo desarrolla una cosmología propia, su afinidad con el ideal pitagórico del microcosmos resulta evidente y refuerza la idea de una correspondencia estructural entre hombre y universo.

La analogía microcosmos–macrocosmos tiene implicaciones epistemológicas claras. Conocer el cosmos no es una empresa ajena a la comprensión de uno mismo, y conocerse a sí mismo implica reconocer la pertenencia a un orden mayor. Para los Mathematikoí, esta doble dirección del conocimiento evita tanto el antropocentrismo ingenuo como la disolución del individuo en la totalidad. El ser humano ocupa un lugar definido en el cosmos, y ese lugar puede ser comprendido mediante el reconocimiento de relaciones proporcionales.

Desde una perspectiva crítica, Aristóteles introduce matices importantes al analizar la relación entre el alma humana y el orden natural. En De anima, Aristóteles examina las funciones del alma sin reducirlas a una mera copia de estructuras cósmicas, subrayando la especificidad de las potencias humanas.[2] Aunque Aristóteles no adopta la analogía microcosmos–macrocosmos en sentido fuerte, su análisis permite comprender los límites de esta comparación y evita interpretaciones excesivamente simplificadoras.

Para los Mathematikoí, la analogía no se traduce en una especulación cosmológica abstracta, sino en una exigencia ética y formativa. Si el ser humano participa del orden del cosmos, su vida debe aspirar a reproducir ese orden en el plano de la acción. La armonización del alma se convierte, así, en una forma de alineación con el orden universal. Vivir bien equivale a vivir de acuerdo con la estructura inteligible de la realidad, no a imponer un proyecto subjetivo desligado del todo.

Esta concepción permite comprender por qué la contemplación del cosmos tenía un valor formativo central. Observar la regularidad de los cielos, reconocer la estabilidad de las proporciones y comprender la racionalidad del universo educaban la mente en la permanencia y la medida. El cosmos funcionaba como un modelo pedagógico, ofreciendo un criterio objetivo frente a la inestabilidad de las pasiones y las opiniones.

La idea del ser humano como microcosmos no elimina la diferencia entre hombre y universo. El ser humano es finito, vulnerable y sujeto al error, mientras que el orden cósmico se presenta como estable y necesario. Precisamente por ello, la analogía cumple una función normativa: recuerda al individuo que su plenitud no consiste en la autosuficiencia, sino en la correspondencia con un orden que lo trasciende. Esta correspondencia no se alcanza de una vez por todas, sino mediante un proceso continuo de formación y ajuste.

Comprender la relación entre microcosmos y macrocosmos permite, en definitiva, situar correctamente el lugar del ser humano dentro del proyecto mathematikoí. El conocimiento del número, la música y el cosmos no tiene como finalidad última la descripción del mundo, sino la orientación de la vida humana dentro de él. En el capítulo siguiente se abordará cómo esta orientación se traduce en una práctica de contemplación, entendida como forma superior de conocimiento y de integración en el orden universal.

Notas

1. Platón, Timeo, 41d–42d, ed. J. Burnet, Platonis Opera, vol. IV, Oxford Classical Texts, Oxford, 1902; trad. esp. Francisco Lisi, Timeo, Gredos, Madrid.
2. Aristóteles, De anima, II, 1–3, 412a–414b (numeración Bekker), ed. W. D. Ross, Aristotelis De Anima, Oxford Classical Texts, Oxford, 1961; trad. esp. Valentín García Yebra, Acerca del alma, Gredos, Madrid.

CAPÍTULO XXVI

Astronomía, ciclos y regularidad

En el horizonte de los mathematikoí, la astronomía no es una curiosidad marginal ni un simple catálogo de constelaciones: es, ante todo, una escuela de orden. Allí donde el mundo cotidiano parece dominarse por lo contingente —lo que hoy ocurre y mañana no—, el cielo ofrece una experiencia distinta: la de lo que retorna. Día y noche, lunaciones, estaciones, años: el firmamento se presenta como un campo privilegiado para aprender que la realidad puede exhibir regularidades, y que dichas regularidades pueden ser descritas, comparadas y, hasta cierto punto, medidas. Esta intuición, que atraviesa la cultura griega, adquiere en el ideal matematikós una función formativa: el estudio del cielo educa la mente para reconocer patrones, resistir la impaciencia y sostener una disciplina intelectual que no dependa del entusiasmo momentáneo.

La regularidad astronómica, sin embargo, no es una idea abstracta: es una forma concreta de experiencia del tiempo. En la tradición platónica, el tiempo se comprende inseparablemente del orden celeste: el "tiempo" no sería una sustancia aparte, sino la manifestación mensurable del movimiento regular del cielo; dicho de otro modo, el tiempo aparece como aquello que se deja contar porque hay ciclos que vuelven "según número".[1] En este marco, el aprendizaje astronómico no consiste sólo en observar, sino en integrar una idea decisiva: lo verdadero no se improvisa; se verifica por retorno. Lo que hoy parece una hipótesis, mañana se confronta con un nuevo ciclo; lo que se cree haber entendido, se confirma o se corrige cuando el fenómeno regresa. El cielo obliga, por su propia naturaleza, a aceptar la lentitud como parte del conocimiento.

De aquí se desprende un rasgo esencial del talante matematikós: la preferencia por la medida sobre la opinión. Medir implica establecer relaciones estables: comparar duraciones, distinguir ritmos, reconocer la diferencia entre lo irregular y lo periódico, entre lo accidental y lo que puede describirse como patrón. En el pensamiento griego, esta orientación se asocia con la convicción de que el orden del mundo —al menos en ciertos ámbitos— puede traducirse en proporción y, por ello, en inteligibilidad. En su reconstrucción de lo que atribuye a los pitagóricos, Aristóteles subraya precisamente que, al observar regularidades (entre ellas, las que podían relacionarse con estructuras numéricas), estos pensadores tendieron a considerar el número y sus relaciones como principios decisivos para comprender la naturaleza.[2] Aunque la historiografía moderna discute con razón qué parte de esa atribución corresponde al pitagorismo temprano y cuál a lecturas posteriores, el punto que aquí importa es metodológico: la astronomía, por su estabilidad relativa, se presta como terreno ejemplar para entrenar el paso de la impresión a la estructura.

Esta dimensión formativa introduce también un criterio de sobriedad intelectual. El cielo no tolera el dogmatismo apresurado: quien afirma demasiado pronto queda expuesto por el propio retorno de los ciclos. En ese sentido, el estudio astronómico funciona como disciplina contra la vanidad del "saber" exhibido: exige corrección, comparación, acumulación paciente de observaciones, y una aceptación práctica de que el error es parte inevitable del aprendizaje. Justamente por eso, la astronomía encaja con el ideal mathematikós como ascesis del entendimiento: enseña a pensar con método, a distinguir lo que se desea de lo que se demuestra, y a someter la palabra a la prueba del retorno.

Ahora bien, el vínculo entre astronomía y mathematikoí también debe leerse con cautela histórica. En torno al pitagorismo, la tradición posterior desarrolló relatos poderosos sobre armonías cósmicas y correspondencias entre cielo, música y número; pero la investigación contemporánea insiste en separar lo tempranamente attestiguable de lo que pertenece a desarrollos ulteriores, especialmente cuando se trata de atribuir doctrinas específicas a Pítagoras o a su círculo inicial.[3] Esta cautela no debilita el capítulo: lo fortalece. Porque, aun sin convertir la astronomía en un mito, queda en pie una tesis sólida y verificable: para un programa intelectual que busca educar la mente en el orden, los ciclos celestes ofrecen un modelo privilegiado de regularidad, una gramática natural para pensar la medida, y una pedagogía del rigor.

Por eso, "astronomía" aquí significa algo más amplio que una ciencia en sentido moderno: significa el aprendizaje de una relación correcta con lo regular. El iniciado en este ideal aprende a ver que el retorno no es repetición vacía, sino confirmación; que la regularidad no es monotonía, sino estructura; y que el conocimiento, cuando es serio, se construye como los ciclos del cielo: por continuidad, por paciencia, por examen. En ese punto, la astronomía se vuelve ética del pensamiento: enseña a someter el juicio a la medida y, al hacerlo, convierte la contemplación del cosmos en disciplina interior.

Notas

1. Platón, Timeo, 37d–38b, en J. Burnet (ed.), Platonis Opera, vol. IV, Oxford Classical Texts, Oxford, Clarendon Press, 1902; trad. esp. Francisco Lisi, Timeo, Gredos, Madrid, 1992.
2. Aristóteles, Metafísica, I, 5, 985b23–986a2 (numeración Bekker), en W. D. Ross (ed.), Aristotelis Metaphysica, Oxford Classical Texts, Oxford, Clarendon Press, 1924; trad. esp. Valentín García Yebra, Metafísica, Gredos, Madrid.
3. Walter Burkert, Lore and Science in Ancient Pythagoreanism, trans. Edwin L. Minar Jr., Cambridge, MA, Harvard University Press, 1972, caps. 3–4.

CAPÍTULO XXVII

Naturaleza, medida y explicación racional

Si la astronomía ofrecía al mathematikoí el espectáculo privilegiado de la regularidad, la naturaleza en su conjunto planteaba un desafío más amplio y exigente: ¿cómo explicar racionalmente un mundo donde todo parece cambiar sin cesar? El problema no era menor. La experiencia inmediata muestra multiplicidad, variación y contingencia; sin embargo, la aspiración del conocimiento serio consiste en descubrir en ese flujo ciertos principios estables que permitan comprender sin negar el cambio. En este punto, la noción de medida se vuelve central. Medir no significa sólo contar o cuantificar, sino establecer proporciones, límites y relaciones que hagan inteligible lo que, de otro modo, permanecería confuso.

En la tradición filosófica griega, la explicación racional de la naturaleza se articula precisamente en torno a esa tensión entre movimiento y permanencia. Comprender un fenómeno no implica inmovilizarlo, sino describirlo de tal manera que su variación resulte ordenada. Por eso, Aristóteles define el tiempo como "número del movimiento según el antes y el después": el tiempo no es algo separado de la naturaleza, sino la forma en que el movimiento se vuelve mensurable y, por tanto, cognoscible.[1] Esta definición, que presupone la posibilidad de contar y comparar, muestra hasta qué punto la explicación racional depende de la medida: sin número, no hay orden; sin orden, no hay ciencia.

Desde esta perspectiva, el matematikoí se distingue tanto del mero observador empírico como del especulador sin anclaje. Su tarea no consiste en acumular datos aislados ni en imponer teorías arbitrarias, sino en buscar estructuras que permitan explicar la naturaleza sin violentarla. La medida actúa aquí como principio regulador del pensamiento: obliga a no afirmar más de lo que puede sostenerse, a no extender una explicación más allá de sus límites legítimos y a reconocer la diferencia entre lo demostrable y lo plausible. En ese sentido, la explicación racional no es un acto de dominio, sino de ajuste: el intelecto se adapta a la forma del fenómeno.

Platón expresa esta idea con particular claridad cuando, al analizar la constitución de lo real, introduce la distinción entre lo ilimitado (apeiron) y el límite (peras). El conocimiento auténtico surge cuando el límite introduce orden en lo indefinido, produciendo una mezcla proporcionada que puede ser entendida.[2] Aunque esta formulación no es específicamente pitagórica, resulta profundamente compatible con el ideal mathematikós: explicar racionalmente equivale a encontrar el punto en que la medida transforma la multiplicidad caótica en estructura inteligible. Allí donde no hay límite, sólo hay opinión; allí donde la medida se impone con justicia, comienza la ciencia.

Esta concepción tiene también una dimensión ética. Medir es un acto de responsabilidad intelectual. La explicación racional exige sobriedad, porque toda medida implica un reconocimiento de finitud: no todo puede explicarse del mismo modo ni con el mismo grado de certeza. El matematikoí aprende así a resistir dos tentaciones opuestas: la del reduccionismo, que pretende explicar toda la naturaleza con un solo principio mal entendido, y la del relativismo, que renuncia a toda explicación estable. Entre ambos extremos, la medida opera como criterio de equilibrio, permitiendo distinguir niveles de explicación y grados de certeza.

En este punto se hace visible la continuidad entre el estudio de la naturaleza y la formación del intelecto. Explicar racionalmente no es sólo producir discursos verdaderos, sino formar un hábito de pensamiento atento a la proporción. El mathematikoí reconoce que la naturaleza no se revela plenamente a la mirada impaciente: requiere comparación, repetición, corrección del error y aceptación de límites. De ahí que la explicación racional, lejos de ser un ejercicio puramente técnico, se convierta en una disciplina del juicio. La naturaleza enseña, a quien sabe medirla, que el conocimiento auténtico no se impone por fuerza ni por ingenio retórico, sino que se construye mediante una relación justa entre el entendimiento y lo real.

Notas

1. Aristóteles, Física, IV, 11, 219b1–2 (numeración Bekker), en W. D. Ross (ed.), Aristotelis Physica, Oxford Classical Texts, Oxford, Clarendon Press, 1936; trad. esp. Guillermo R. de Echandía, Física, Gredos, Madrid.
2. Platón, Filebo, 16c–17a, en J. Burnet (ed.), Platonis Opera, vol. II, Oxford Classical Texts, Oxford, Clarendon Press, 1901; trad. esp. Carlos García Gual, Filebo, G

CAPÍTULO XXVIII

Contemplación, conocimiento y vida filosófica

En el horizonte intelectual de los Mathematikoí, la contemplación no designa una actividad pasiva ni un retiro del mundo, sino una forma superior de conocimiento que integra comprensión racional, disciplina interior y orientación de la vida. Contemplar significa reconocer el orden, permanecer atento a él y dejar que ese reconocimiento configure el modo de vivir. La vida filosófica no se opone a la práctica; la funda.

La contemplación se apoya en una jerarquía del conocimiento. En los niveles iniciales, el aprendizaje ordena la conducta mediante hábitos y reglas; en los niveles superiores, la mente se ejercita en reconocer relaciones necesarias —numéricas, geométricas y armónicas— que no dependen de la opinión ni del cambio. Esta progresión no elimina los niveles previos, sino que los integra. La vida bien ordenada es condición para la contemplación, y la contemplación confirma y profundiza ese orden. Esta formulación constituye una paráfrasis razonada, coherente con la unidad pitagórica entre saber y vida.

Un punto de referencia decisivo para comprender esta concepción es la reflexión de Platón sobre la theoría. En la República, Platón presenta la contemplación de lo inteligible como la culminación del proceso educativo, subrayando que sólo quien ha orientado el alma hacia lo que es estable puede gobernarse a sí mismo y, en su caso, a la comunidad.[1] Aunque Platón desarrolla un sistema propio, su concepción de la vida filosófica como culminación del conocimiento es plenamente compatible con el ideal matematikoí.

Desde una perspectiva analítica complementaria, Aristóteles define la vida contemplativa como la forma más alta de actividad humana en la Ética a Nicómaco. Aristóteles sostiene que la contemplación (theōría) es una actividad que se basta a sí misma, orientada a lo que es por necesidad y no por utilidad.[2] Si bien Aristóteles no adopta el marco pitagórico del número y la armonía, su caracterización de la contemplación como actividad excelente confirma la centralidad de este ideal en la filosofía antigua.

Para los Mathematikoí, la contemplación no se limita al pensamiento abstracto. Incluye la atención sostenida a las relaciones que estructuran el mundo: la proporción en la figura, la consonancia en la música, la regularidad en el movimiento celeste y la medida en la vida humana. Contemplar es reconocer la presencia del orden en sus múltiples manifestaciones y mantener una disposición interior acorde con ese reconocimiento. Esta disposición no se alcanza mediante un acto único, sino a través de una práctica prolongada de formación y vigilancia de sí.

Las fuentes tardías, en particular Jámblico, presentan la vida pitagórica como una vía en la que el conocimiento culmina en una forma de contemplación estable del orden.[3] Aunque estas descripciones reflejan una sistematización posterior, conservan un núcleo coherente con la tradición: el saber auténtico se verifica en la transformación del sujeto. La contemplación no añade algo externo a la vida; la ordena desde dentro.

Este enfoque permite comprender por qué la vida filosófica no se concibe como un privilegio de unos pocos desconectados del mundo, sino como una responsabilidad. Quien reconoce el orden está llamado a vivir conforme a él. La contemplación no conduce a la indiferencia, sino a una mayor exigencia ética: actuar de modo que la vida no contradiga lo que la inteligencia reconoce como verdadero. En este sentido, la vida filosófica es inseparable de la coherencia personal.

La contemplación también cumple una función unificadora. Integra los distintos ámbitos del saber —número, geometría, música y cosmos— en una visión coherente del mundo y del lugar del ser humano en él. Esta integración evita la fragmentación del conocimiento y ofrece un criterio para jerarquizar fines. Lo que no contribuye al reconocimiento y a la vivencia del orden carece de valor último; lo que lo favorece, aunque sea exigente, adquiere sentido pleno.

Con este capítulo se cierra el recorrido dedicado a la vida filosófica como culminación del proyecto matematikoí. En el capítulo siguiente se abordará la transmisión histórica de este ideal, examinando cómo la figura del Mathematikoí influyó en tradiciones posteriores y qué elementos de su legado permanecieron activos más allá del contexto pitagórico original.

Notas

1. Platón, República, libro VII, 532a–534e, en J. Burnet (ed.), Platonis Opera, vol. IV, Oxford Classical Texts, Oxford, Clarendon Press, 1902; trad. esp. Conrado Eggers Lan, República, Gredos, Madrid.
2. Aristóteles, Ética a Nicómaco, libro X, 7–8, 1177a–1179a (numeración Bekker), en I. Bywater (ed.), Aristotelis Ethica Nicomachea, Oxford Classical Texts, Oxford, Clarendon Press, 1894; trad. esp. Julián Marías y María Araujo, Ética a Nicómaco, Centro de Estudios Constitucionales, Madrid.
3. Jámblico, Sobre la vida pitagórica (De vita Pythagorica), §§ 146–148, en L. Deubner (ed.), Iamblichi De vita Pythagorica liber, Leipzig, Teubner, 1937; trad. esp. María Isabel Santa Cruz, Vida pitagórica, Gredos, Madrid.

CAPÍTULO XXIX

El mathematikoí como programa intelectual antiguo

Hablar del mathematikoí como "programa intelectual" no implica proyectar categorías modernas sobre la Antigüedad, sino reconocer un rasgo estructural bien documentado: para ciertos grupos antiguos, el conocimiento no se concebía como un conjunto disperso de informaciones, sino como una forma coherente de vida, sostenida por reglas, prácticas y una jerarquía interna de saberes. En ese marco, el ideal mathematikós articula teoría, pedagogía y disciplina moral en una unidad que busca asegurar la seriedad del conocimiento y su transmisión estable.

Las fuentes antiguas, aun leídas con la cautela crítica necesaria, coinciden en presentar el pitagorismo como algo más que una escuela doctrinal. Aristóteles, al resumir la posición de los llamados pitagóricos, señala que éstos consideraban el número y sus relaciones como principios de las cosas y como claves para comprender el orden del mundo.[1] Más allá de la discusión historiográfica sobre el alcance exacto de esa afirmación, lo decisivo es el perfil intelectual que se desprende de ella: el saber matemático no es meramente instrumental, sino estructural; no se limita a resolver problemas prácticos, sino que aspira a ofrecer una lectura ordenada de la realidad en su conjunto. Esta aspiración define un programa, no una técnica aislada.

Ese programa se reconoce también por su dimensión pedagógica. El mathematikós no surge espontáneamente; se forma mediante un proceso que incluye ejercicios de atención, control del lenguaje, selección de contenidos y, en ciertos contextos, prácticas de reserva y silencio. La transmisión no es inmediata ni indiscriminada. Tal como describen varias fuentes tardías, la enseñanza pitagórica distinguía entre niveles de acceso al saber, precisamente para evitar que el conocimiento se degradara en mera opinión o en exhibición retórica.[2] Aunque la forma concreta de esas prácticas haya sido idealizada por la tradición, el principio que expresan es coherente: el conocimiento serio requiere condiciones, y esas condiciones deben ser cultivadas.

Desde este punto de vista, el matematikoí es inseparable de una comunidad intelectual. No se trata simplemente de un sabio individual, sino de un sujeto formado dentro de un marco compartido de reglas y criterios. La comunidad funciona como garante de continuidad: sin transmisión regulada, el programa se disuelve; sin criterios comunes, el saber se fragmenta. Esta dimensión comunitaria explica tanto la fuerza como la fragilidad del proyecto. Por un lado, permite sostener una identidad intelectual reconocible; por otro, lo expone a tensiones externas cuando esa identidad es percibida como cerrada, influyente o políticamente relevante.

El carácter de "programa" se manifiesta también en la jerarquía interna de los saberes. No todo conocimiento tiene el mismo valor ni la misma función formativa. En la tradición platónica —que dialoga críticamente con el pitagorismo— las disciplinas matemáticas ocupan un lugar central como preparación del alma para la comprensión de principios más altos.[3] Esta concepción refuerza la idea de que el saber no es acumulativo sin más, sino ordenado según su capacidad de educar el juicio, refinar la razón y orientar la vida intelectual. El mathematikoí se define, así, menos por lo que "sabe" que por el modo en que ese saber lo transforma.

Leído en conjunto, el programa mathematikoí puede entenderse como una respuesta antigua a un problema permanente: ¿cómo preservar la seriedad del conocimiento frente a la dispersión, la superficialidad y la presión social? La solución no consiste en aislar el saber del mundo, sino en dotarlo de una forma de vida que lo proteja. Por eso, aun cuando las doctrinas específicas cambien o se reinterpreten, el ideal mathematikoí reaparece como modelo: no por fidelidad arqueológica, sino porque propone una estructura intelectual que vincula verdad, disciplina y transmisión. En ese sentido, su interés no es sólo histórico, sino metodológico: muestra que el conocimiento, para ser duradero, necesita algo más que argumentos; necesita un marco que lo sostenga.

Notas

1. Aristóteles, Metafísica, libro I (A), 5, 985b23–986a2 (numeración Bekker), en W. Jaeger (ed.), Aristotelis Metaphysica, Oxford Classical Texts, Oxford, Clarendon Press, 1957; trad. esp. Valentín García Yebra, Metafísica, Gredos, Madrid.
2. Jámblico, Sobre la vida pitagórica (De vita Pythagorica), §§ 72–75, en L. Deubner (ed.), Iamblichi De vita Pythagorica liber, Leipzig, Teubner, 1937; trad. esp. María Isabel Santa Cruz, Vida pitagórica, Gredos, Madrid.
3. Platón, República, libro VII, 525b–527d, en J. Burnet (ed.), Platonis Opera, vol. IV, Oxford Classical Texts, Oxford, Clarendon Press, 1902; trad. esp. Conrado Eggers Lan, República, Gredos

CAPÍTULO XXX

Transmisión histórica y legado de los Mathematikoí

El proyecto intelectual y vital de los Mathematikoí no se extinguió con la disolución de las comunidades pitagóricas en la Magna Grecia. Aunque las condiciones históricas que hicieron posible su forma original de vida desaparecieron, los principios estructurales que articularon su pensamiento —número, proporción, armonía y formación del alma— continuaron ejerciendo una influencia profunda y duradera. La transmisión de este legado no se produjo mediante una escuela ininterrumpida, sino a través de relecturas, apropiaciones y transformaciones en contextos filosóficos diversos.

Una de las vías principales de transmisión fue la filosofía platónica. Platón incorporó explícitamente elementos pitagóricos en su concepción del conocimiento, de la educación y del orden del cosmos. La centralidad de las matemáticas como preparación del alma para la contemplación, la concepción del universo como estructura inteligible y la analogía entre armonía cósmica y armonía del alma reflejan una continuidad conceptual clara.[1] Esta apropiación no implica una mera repetición del pitagorismo, sino su integración en un sistema filosófico más amplio, en el que el ideal matematikoí se transforma sin perder su núcleo.

La tradición aristotélica representa una segunda vía, marcada por la crítica y la sistematización. Aristóteles discute las doctrinas pitagóricas con rigor analítico, señalando ambigüedades y límites, pero también preservando problemas fundamentales que habían sido formulados en ese contexto. Su distinción entre número y magnitud, así como su análisis de la proporción y de la forma, pueden entenderse como respuestas filosóficas a cuestiones heredadas del horizonte pitagórico.[2] La crítica aristotélica no anula el legado; lo reformula en términos conceptualmente más precisos.

En la Antigüedad tardía, el legado de los Mathematikoí encontró una nueva expresión en la corriente conocida como el neoplatonismo. Autores como Jámblico reinterpretaron el pitagorismo como una vía espiritual estructurada, integrando matemática, teología y ética en un itinerario de elevación del alma.[3] Aunque estas elaboraciones reflejan categorías propias de su tiempo, contribuyeron decisivamente a preservar la memoria del ideal pitagórico y a transmitirlo a generaciones posteriores. En este proceso, el Mathematikoí se convirtió en una figura ejemplar del filósofo como ser transformado por el conocimiento.

La influencia del legado pitagórico se extendió también al ámbito de las ciencias matemáticas. La concepción del número como estructura relacional, la importancia de la demostración y la búsqueda de principios generales dejaron una huella duradera en la matemática griega, especialmente en la tradición euclidiana. Aunque la matemática se fue emancipando progresivamente de sus connotaciones éticas y cosmológicas, conservó el ideal de rigor y de necesidad que había sido central para los Mathematikoí.

Desde una perspectiva histórica, la transmisión del legado mathematikoí muestra que las ideas más fecundas no sobreviven intactas, sino transformadas. El número dejó de ser un principio cosmológico total para convertirse en objeto de una ciencia formal; la armonía se especializó en teoría musical; la contemplación se redefinió en términos filosóficos más abstractos. Sin embargo, el núcleo del proyecto —la convicción de que el mundo es inteligible y que el conocimiento exige una transformación del sujeto— permaneció activo.

Este legado también ofrece una clave para comprender la persistencia del ideal de unidad del saber. Frente a la fragmentación disciplinar, la figura del Mathematikoí recuerda una concepción en la que matemática, ética y cosmología forman un todo coherente. Aunque este ideal no puede recuperarse sin mediaciones en contextos modernos, su influencia se percibe en la aspiración recurrente a integrar conocimiento y vida, teoría y práctica.

Concluir el recorrido histórico del legado mathematikoí permite valorar su importancia sin idealizaciones acríticas. No se trata de restaurar una escuela desaparecida, sino de reconocer la fertilidad conceptual de un proyecto que pensó el conocimiento como forma de vida. En el capítulo final se ofrecerá una síntesis interpretativa, destinada a evaluar el significado duradero de los Mathematikoí y a señalar los límites y posibilidades de su herencia para una comprensión contemporánea del saber.

Notas

1. Platón, República, libro VII, 525b–527c; Timeo, 47b–48a, en J. Burnet (ed.), Platonis Opera, vols. IV–V, Oxford Classical Texts, Oxford, Clarendon Press, 1902–1907; trad. esp. Conrado Eggers Lan, República, y Francisco Lisi, Timeo, Gredos, Madrid.
2. Aristóteles, Metafísica, libro I (A), 5–6, 985b23–987b14 (numeración Bekker), en W. Jaeger (ed.), Aristotelis Metaphysica, Oxford Classical Texts, Oxford, Clarendon Press, 1957; trad. esp. Valentín García Yebra, Gredos, Madrid.
3. Jámblico, Sobre la vida pitagórica (De vita Pythagorica), §§ 150–152, en L. Deubner (ed.), Iamblichi De vita Pythagorica liber, Leipzig, Teubner, 1937; trad. esp. María Isabel Santa Cruz, Vida pitagórica, Gredos, Madrid.

PARTE VII

LENGUAJE, SÍMBOLO Y SILENCIO

CAPÍTULO XXXI

El valor del silencio en la transmisión del saber

En la tradición de los Mathematikoí, el silencio no constituye una carencia de comunicación, sino una condición activa del conocimiento. Lejos de oponerse al saber, el silencio delimita su ámbito legítimo y protege su integridad. Transmitir conocimiento no equivale simplemente a enunciar contenidos, sino a preparar al sujeto para recibirlos. En este sentido, el silencio aparece como un principio pedagógico y ético, indispensable para la formación interior.

El silencio cumple, en primer lugar, una función disciplinaria. Callar no es sólo abstenerse de hablar, sino aprender a gobernar el impulso inmediato de exteriorizar lo no madurado. Para los Mathematikoí, el dominio de la palabra presupone el dominio de sí. La transmisión del saber exige una disposición interior ordenada, y el silencio contribuye a crear ese orden al suspender la dispersión y favorecer la atención sostenida. Esta formulación debe entenderse como paráfrasis razonada, coherente con la concepción pitagórica del aprendizaje como proceso gradual y transformador.

Desde una perspectiva epistemológica, el silencio marca el límite del lenguaje discursivo. No todo conocimiento puede ser reducido a formulaciones verbales sin pérdida. El número, la proporción y la armonía se comprenden plenamente sólo cuando el intelecto ha sido ejercitado para reconocer relaciones, no meramente definiciones. El silencio protege este tipo de conocimiento al impedir su banalización. Decir demasiado pronto lo que sólo puede comprenderse tras un proceso formativo equivale a vaciarlo de sentido.

Un testimonio filosófico relevante de esta concepción se encuentra en Platón, quien, en la Carta VII, sostiene que los conocimientos más altos no pueden transmitirse como otros saberes, sino que surgen repentinamente en el alma tras una larga convivencia con el objeto y una preparación adecuada.[1] Platón subraya que la palabra escrita o hablada resulta insuficiente para comunicar ciertos contenidos si no va acompañada de una transformación del sujeto. Esta afirmación no describe una técnica esotérica, sino un reconocimiento del límite inherente al lenguaje.

En una línea convergente, Aristóteles distingue entre lo que puede enseñarse mediante demostración y lo que exige una formación previa del carácter y de la inteligencia. En la Ética a Nicómaco, Aristóteles advierte que el aprendizaje filosófico presupone hábitos adecuados y que no todo oyente está igualmente dispuesto a recibirlo.[2] Esta observación refuerza la idea de que el silencio no es exclusión arbitraria, sino criterio pedagógico: hablar a quien no está preparado no produce conocimiento, sino confusión.

Las fuentes tardías que describen la vida pitagórica, especialmente Jámblico, presentan el silencio como una práctica sistemática vinculada a la jerarquía del aprendizaje.[3] Aunque estos testimonios reflejan una elaboración posterior, preservan un núcleo verosímil: la transmisión del saber se concebía como un proceso escalonado, en el que el acceso a la palabra plena dependía del grado de formación alcanzado. El silencio, en este contexto, no es castigo ni misterio artificial, sino protección del orden del saber.

Desde el punto de vista simbólico, el silencio representa el espacio en el que el conocimiento puede arraigar. La palabra que no nace del silencio carece de peso; el discurso que no ha sido precedido por escucha interior se disuelve en opinión. Para los Mathematikoí, el silencio no anula la palabra, sino que la fundamenta. Sólo quien ha aprendido a callar puede hablar con medida; sólo quien ha soportado el silencio puede transmitir sin deformar.

Este principio tiene implicaciones directas para la comprensión de la tradición pitagórica. La escasez de testimonios literales no debe interpretarse únicamente como pérdida histórica, sino también como efecto de una concepción del saber que no privilegiaba la fijación textual. El conocimiento se transmitía en el marco de una comunidad, mediante práctica, ejemplo y progresión interior. El silencio formaba parte constitutiva de ese marco, no como ocultamiento, sino como garantía de fidelidad.

Comprender el valor del silencio en la transmisión del saber permite evitar dos errores opuestos. Por un lado, la idealización romántica del secreto como misterio absoluto; por otro, la reducción del conocimiento a información disponible sin mediación formativa. La posición mathematikoí se sitúa entre ambos extremos: reconoce la necesidad de límites en la transmisión, pero los fundamenta en criterios pedagógicos y éticos, no en arbitrariedades.

Con este capítulo se abre la parte dedicada al lenguaje, el símbolo y sus límites. En el capítulo siguiente se analizará cómo el número y el símbolo permiten un tipo de conocimiento que no se agota en el discurso, y de qué manera esta forma de comprensión complementa, sin negar, el lenguaje racional.

Notas

1. Platón, Carta VII, 341c–345c, en J. Burnet (ed.), Platonis Opera, vol. V, Oxford Classical Texts, Oxford, Clarendon Press, 1907; trad. esp. Emilio Lledó, Cartas, Gredos, Madrid.
2. Aristóteles, Ética a Nicómaco, libro I, 1095a–1095b (numeración Bekker), en I. Bywater (ed.), Aristotelis Ethica Nicomachea, Oxford Classical Texts, Oxford, Clarendon Press, 1894; trad. esp. Julián Marías, Gredos, Madrid.
3. Jámblico, Sobre la vida pitagórica (De vita Pythagorica), §§ 72–75, en L. Deubner (ed.), Iamblichi De vita Pythagorica liber, Leipzig, Teubner, 1937; trad. esp. María Isabel Santa Cruz, Vida pitagórica, Gredos, Madrid.

CAPÍTULO XXXII

Símbolo, número y conocimiento no discursivo

La tradición de los Mathematikoí reconoce que no todo conocimiento se agota en el discurso racional. Existen formas de comprensión que no se expresan adecuadamente mediante definiciones, demostraciones o proposiciones encadenadas, pero que no por ello carecen de rigor. El símbolo ocupa en este contexto un lugar decisivo: no sustituye al pensamiento racional, sino que lo complementa, permitiendo el acceso a relaciones que exceden las posibilidades del lenguaje discursivo.

El símbolo no es un signo arbitrario ni una alegoría libre. Su función consiste en remitir a una estructura que no puede ser plenamente capturada por la palabra sin empobrecimiento. En el horizonte pitagórico, el número mismo posee un carácter simbólico: no sólo cuantifica, sino que articula relaciones. Comprender un número no significa únicamente operar con él, sino reconocer el tipo de orden que expresa. Esta afirmación debe entenderse como paráfrasis razonada, coherente con la concepción pitagórica del número como principio relacional.

El conocimiento no discursivo no se opone a la razón, sino que señala sus límites internos. La razón demuestra, clasifica y define; el símbolo muestra. Allí donde el discurso avanza por separación y análisis, el símbolo conserva la unidad de lo comprendido. En este sentido, el símbolo no elimina la exigencia racional, sino que la prolonga más allá de lo que puede ser dicho sin fragmentación. El número, cuando se comprende simbólicamente, no abandona su precisión, sino que amplía su alcance.

Un punto de referencia filosófico esencial para esta distinción se encuentra en Platón, particularmente en su análisis de los diferentes modos de conocimiento. En la República, Platón distingue entre el razonamiento discursivo (dianoia) y la intelección directa (noesis), señalando que las matemáticas ocupan un lugar intermedio: se apoyan en figuras y símbolos que no son el objeto último del conocimiento, pero que permiten acceder a relaciones inteligibles.[1] Esta distinción confirma que el símbolo no es un residuo irracional, sino un medio legítimo de acceso a lo inteligible.

Desde una perspectiva crítica complementaria, Aristóteles reconoce que no todo conocimiento procede del mismo modo ni exige el mismo tipo de demostración. En la Metafísica, Aristóteles afirma que el rigor debe adecuarse a la naturaleza del objeto conocido.[2] Esta observación permite comprender por qué el conocimiento simbólico no puede ser juzgado con los mismos criterios que una demostración formal sin caer en un error categorial. El símbolo no demuestra; orienta.

Para los Mathematikoí, el símbolo cumple además una función pedagógica. Introduce al aprendiz en un campo de relaciones que sólo se clarifican progresivamente. El símbolo no se explica exhaustivamente desde el inicio; se habita. A medida que la formación avanza, lo que antes aparecía como imagen adquiere una inteligibilidad más precisa. Este proceso evita tanto la opacidad absoluta como la reducción prematura del sentido. El símbolo conserva el conocimiento en estado fecundo.

El número simbólico no debe confundirse con una numerología arbitraria. La tradición pitagórica no asigna significados caprichosos a los números, sino que reconoce en ellos patrones de relación: par e impar, límite y exceso, unidad y multiplicidad. Estos pares no funcionan como metáforas literarias, sino como esquemas estructurales que permiten pensar la realidad sin reducirla a lo cuantificable. El símbolo numérico, en este sentido, es una abstracción cargada de sentido, no una imagen decorativa.

La relación entre símbolo y silencio, desarrollada en el capítulo anterior, encuentra aquí su fundamento. El símbolo exige silencio no porque oculte, sino porque no se deja agotar por la explicación inmediata. Hablar demasiado pronto del símbolo es traicionarlo; callar indefinidamente también lo es. La transmisión adecuada consiste en situarlo dentro de un marco formativo que permita su comprensión progresiva. El conocimiento no discursivo requiere tiempo, ejercicio y disposición interior.

Comprender el papel del símbolo y del número en el conocimiento no discursivo permite situar correctamente la originalidad del ideal mathematikoí. Este ideal no rechaza el lenguaje racional, pero se niega a absolutizarlo. Reconoce que la realidad excede lo que puede ser dicho sin mediaciones y que el acceso a su orden más profundo exige formas de comprensión que integren razón, intuición y experiencia formativa.

Con este capítulo se afianza el núcleo conceptual de la PARTE VII. En el capítulo siguiente se abordará explícitamente el problema de los límites del lenguaje, examinando por qué la verdad matemática y el conocimiento del orden no pueden reducirse completamente a formulaciones discursivas sin pérdida de sentido.

Notas

1. Platón, República, libro VI, 509d–511e, en J. Burnet (ed.), Platonis Opera, vol. IV, Oxford Classical Texts, Oxford, Clarendon Press, 1902; trad. esp. Conrado Eggers Lan, La República, Gredos, Madrid.
2. Aristóteles, Metafísica, libro II, 994b–995a (numeración Bekker), en W. Jaeger (ed.), Aristotelis Metaphysica, Oxford Classical Texts, Oxford, Clarendon Press, 1957; trad. esp. Valentín García Yebra, Gredos, Madrid.

CAPÍTULO XXXIII

Límites del lenguaje y verdad matemática

El examen del símbolo y del conocimiento no discursivo conduce necesariamente a una reflexión sobre los límites del lenguaje. Para los Mathematikoí, el lenguaje no es un instrumento neutro ni omnipotente. Posee una función indispensable en la transmisión del saber, pero también un alcance definido más allá del cual pierde precisión y puede convertirse en fuente de confusión. Reconocer estos límites no implica rechazar la razón, sino situarla adecuadamente dentro de una concepción más amplia del conocimiento.

La verdad matemática ofrece un campo privilegiado para observar esta tensión. Las proposiciones matemáticas pueden expresarse mediante palabras y símbolos, pero su comprensión efectiva no se reduce al enunciado verbal. Comprender una demostración no consiste sólo en seguir una cadena de frases, sino en captar la necesidad interna que vincula los pasos del razonamiento. El lenguaje acompaña este proceso, pero no lo agota. Esta afirmación debe entenderse como paráfrasis razonada, coherente con la experiencia matemática clásica y con la reflexión antigua sobre el conocimiento.

El problema se hace visible cuando el lenguaje pretende sustituir a la comprensión. Una definición memorizada sin aprehensión de la relación que expresa no produce conocimiento, sino repetición vacía. Para los Mathematikoí, la verdad matemática exige una actividad del intelecto que no puede delegarse completamente en el discurso. El lenguaje señala el camino, pero es el entendimiento el que debe recorrerlo.

Un punto de referencia decisivo para esta concepción se encuentra en Platón, particularmente en su análisis de los distintos niveles de conocimiento. En la República, Platón distingue entre el uso de signos y figuras en el razonamiento matemático y la intelección directa de los principios.[1] Las matemáticas operan mediante hipótesis y representaciones que orientan el pensamiento, pero no constituyen el último grado de verdad. Esta distinción confirma que el lenguaje y los símbolos son medios, no fines, en el acceso a lo verdadero.

Desde una perspectiva analítica complementaria, Aristóteles subraya que el lenguaje, por su naturaleza general, no siempre puede expresar adecuadamente lo que es necesario y preciso en cada caso. En los Analíticos Posteriores, Aristóteles sostiene que el conocimiento científico requiere demostración, pero también una aprehensión intelectual de los principios que no se demuestra mediante palabras.[2] Esta aprehensión (nous) no es irracional, sino prediscursiva: constituye la base misma sobre la que el discurso demostrativo se sostiene.

Para los Mathematikoí, esta concepción implica una actitud de prudencia epistemológica. No todo lo verdadero puede decirse sin residuo, y no todo lo que se dice comunica verdad. El exceso de discurso puede oscurecer aquello que pretende aclarar. De ahí la importancia concedida al silencio, al símbolo y a la formación progresiva del entendimiento. El lenguaje debe emplearse con medida, del mismo modo que el número y la proporción rigen el orden del cosmos.

La verdad matemática, en este contexto, no se identifica con una colección de enunciados correctos, sino con la captación de relaciones necesarias. Esta captación puede ser acompañada por el lenguaje, pero no producida por él. El error surge cuando se confunde la formulación verbal con la comprensión misma. Para los Mathematikoí, la fidelidad a la verdad exige resistir esta confusión y aceptar que el conocimiento auténtico implica un grado de experiencia intelectual irreductible al discurso.

Este reconocimiento de los límites del lenguaje no conduce al relativismo ni al escepticismo. Al contrario, refuerza la exigencia de rigor. Saber dónde el lenguaje alcanza su eficacia y dónde comienza a fallar permite emplearlo con mayor precisión. El límite no es una negación, sino una condición de uso adecuado. El discurso bien empleado es aquel que sabe callar cuando ha cumplido su función.

Con este capítulo se cierra la reflexión sobre el lenguaje, el símbolo y el silencio como dimensiones constitutivas del conocimiento mathematikoí. A partir del capítulo siguiente, el enfoque se desplazará hacia el conflicto histórico, examinando las tensiones sociales y políticas que llevaron al rechazo, la dispersión y la transformación del proyecto mathematikoí en su contexto original.

Notas

1. Platón, República, libro VI, 510c–511d, en J. Burnet (ed.), Platonis Opera, vol. IV, Oxford Classical Texts, Oxford, Clarendon Press, 1902; trad. esp. Conrado Eggers Lan, La República, Gredos, Madrid.
2. Aristóteles, Analíticos Posteriores, libro II, 19, 99b–100b (numeración Bekker), en W. D. Ross (ed.), Aristotelis Analytica Posteriora, Oxford Classical Texts, Oxford, Clarendon Press, 1964; trad. esp. Valentín García Yebra, Gredos, Madrid.

PARTE VIII

CONFLICTO, CAÍDA Y HERENCIA

CAPÍTULO XXXIV

Política, poder y rechazo social

El proyecto mathematikoí, concebido como una forma integral de vida ordenada por el número, no se desarrolló en un vacío histórico. Su inserción en las ciudades de la Magna Grecia lo expuso inevitablemente a las tensiones políticas propias de comunidades marcadas por conflictos entre élites, facciones y modelos de gobierno. La búsqueda de orden interior y de disciplina comunitaria, lejos de permanecer confinada al ámbito privado, tuvo consecuencias públicas que despertaron adhesiones, recelos y, finalmente, rechazo.

La estructura comunitaria de los Mathematikoí implicaba una organización jerárquica del saber y una fuerte cohesión interna. Este rasgo, funcional para la transmisión del conocimiento y la formación del carácter, resultó problemático en contextos cívicos donde la igualdad política y la competencia entre grupos eran fuentes constantes de inestabilidad. La disciplina, el silencio y la selección de miembros podían ser percibidos desde el exterior como prácticas excluyentes o como intentos de influencia encubierta. Esta descripción debe entenderse como paráfrasis razonada, apoyada en la lógica de las dinámicas políticas antiguas más que en un relato conspirativo.

Las fuentes antiguas señalan que las comunidades pitagóricas participaron, directa o indirectamente, en la vida política de algunas ciudades. Aristóteles, en la Política, menciona a los pitagóricos en el contexto de los conflictos internos y de las transformaciones constitucionales, aludiendo a su implicación en ciertos regímenes oligárquicos y a la reacción que ello suscitó.[1] Aunque Aristóteles no ofrece un relato detallado de los acontecimientos, su testimonio confirma que el pitagorismo no fue percibido únicamente como una escuela filosófica, sino también como un actor político.

La tensión entre el ideal mathematikoí y la realidad cívica se acentuó por la opacidad inherente a su modo de transmisión. En un entorno político caracterizado por la sospecha, el silencio pedagógico pudo interpretarse como secreto deliberado, y la formación interna como conspiración. El rechazo social no surgió necesariamente de un desacuerdo doctrinal, sino de la percepción de un poder no transparente, difícil de controlar por las instituciones existentes.

Las tradiciones tardías que narran la destrucción de las comunidades pitagóricas, como las recogidas por Jámblico, describen episodios de violencia, persecución y dispersión.[2] Aunque estos relatos deben leerse con cautela crítica, reflejan una memoria persistente de conflicto entre el proyecto pitagórico y el orden político de su tiempo. La violencia no aparece como un accidente aislado, sino como el desenlace de una incompatibilidad estructural entre una comunidad regida por criterios formativos estrictos y un entorno político inestable.

Es importante subrayar que el rechazo social no invalida el ideal mathematikoí. Más bien revela la dificultad de articular un proyecto de formación integral dentro de contextos políticos marcados por la lucha por el poder. La aspiración a un orden fundado en la medida y la disciplina se enfrentó a realidades dominadas por la ambición, el temor y la rivalidad entre grupos. Esta tensión no es exclusiva del pitagorismo; constituye un problema recurrente en la historia de las comunidades filosóficas.

Desde una perspectiva histórica, el conflicto político contribuyó decisivamente a la transformación del legado pitagórico. La disolución de las comunidades obligó a replantear las formas de transmisión del saber, favoreciendo su desplazamiento hacia marcos más individuales o hacia escuelas filosóficas con estructuras menos cerradas. El ideal sobrevivió, pero perdió su anclaje institucional original.

Comprender el papel de la política y del rechazo social permite situar el declive del proyecto mathematikoí sin recurrir a explicaciones simplistas. No se trató únicamente de persecución injusta ni de fracaso interno, sino del choque entre un ideal exigente de orden y las condiciones históricas concretas en las que intentó realizarse. En el capítulo siguiente se examinará cómo este conflicto desembocó en la dispersión y el declive del proyecto, y de qué manera su núcleo conceptual logró, pese a todo, perdurar.

Notas

1. Aristóteles, Política, libro V, 1301a–1302a (numeración Bekker), en W. D. Ross (ed.), Aristotelis Politica, Oxford Classical Texts, Oxford, Clarendon Press; trad. esp. Julián Marías y María Araujo, Gredos, Madrid. constitucional y tensiones políticas.
2. Jámblico, Sobre la vida pitagórica (De vita Pythagorica), §§ 248–251, en L. Deubner (ed.), Iamblichi De vita Pythagorica, Teubner, Leipzig; trad. esp. Gredos, Madrid.

CAPÍTULO XXXV

Violencia, dispersion y declive del Proyecto Matematicoí

Todo programa intelectual que adopta la forma de una comunidad disciplinada entra, tarde o temprano, en fricción con su entorno. En el caso del ideal matematikoí, la tradición antigua conserva el recuerdo de un final marcado por la violencia, la dispersión y la pérdida de continuidad institucional. Más allá de los detalles legendarios, lo que interesa aquí es el patrón histórico que se perfila: cuando un grupo de conocimiento alcanza cohesión interna, prestigio y cierta influencia cívica, comienza a ser percibido como un poder. Y allí donde el saber se percibe como poder, surge la resistencia.

Las fuentes antiguas coinciden en asociar a los pitagóricos con una presencia activa en la vida de algunas ciudades de la Magna Grecia. Esa presencia —real o exagerada por la memoria posterior— bastó para situarlos en el centro de conflictos políticos. La violencia no aparece como un accidente aislado, sino como la culminación de una tensión prolongada entre una comunidad organizada según reglas propias y un espacio cívico que sospecha de todo cuerpo intermedio demasiado cohesionado. Diógenes Laercio transmite el relato de ataques contra reuniones pitagóricas y del incendio de una casa donde se encontraban miembros del grupo, episodio que simboliza la ruptura violenta de la continuidad comunitaria.[1] Aunque el historiador moderno debe leer estos relatos con cautela, su reiteración en tradiciones independientes indica que no estamos ante una invención gratuita, sino ante la memoria de un conflicto real.

La violencia tiene aquí un efecto estructural: rompe la transmisión. El proyecto matematikoí no se sostiene sólo por doctrinas, sino por una pedagogía encarnada en prácticas, ritmos de aprendizaje y formas de vida compartidas. Cuando la comunidad se dispersa por miedo, exilio o muerte, ese entramado se deshace. Lo que sobrevive ya no es la escuela como institución, sino fragmentos: enseñanzas atribuidas, máximas, símbolos, recuerdos idealizados. El paso de una comunidad viva a una tradición reconstruida marca el verdadero declive del proyecto original.

Este proceso explica por qué el pitagorismo posterior aparece como un campo heterogéneo y reconfigurable. Privados de una institución estable, los elementos matematikoí se integran en otros marcos intelectuales: filosofía académica, especulación metafísica, simbolismo religioso. La dispersión no equivale a desaparición; implica transformación. El ideal persiste, pero ya no como programa unitario con disciplina interna, sino como herencia reinterpretada según nuevas necesidades y contextos. En ese sentido, el declive institucional es también una condición de posibilidad para la difusión conceptual.

Conviene subrayar que la violencia no debe interpretarse sólo en clave externa. Toda comunidad cerrada enfrenta tensiones internas: disputas de autoridad, desacuerdos sobre la interpretación del saber, conflictos entre rigor y apertura. La tradición antigua conserva ecos de estas tensiones al mencionar disensiones y rupturas entre grupos pitagóricos. Sin embargo, incluso si tales conflictos existieron, su impacto decisivo fue amplificado por la presión externa. La conjunción de sospecha política y cohesión intelectual resultó explosiva: el saber organizado se volvió vulnerable precisamente por su fuerza.

Desde una perspectiva más amplia, el declive del proyecto matematikoí ilustra un problema recurrente en la historia del conocimiento: la dificultad de sostener comunidades de alta exigencia intelectual en contextos sociales inestables. La violencia no destruye ideas; destruye formas de vida que permiten transmitirlas. Por eso, lo que se pierde no es tanto un contenido doctrinal como una estructura pedagógica. El resultado es un saber que continúa circulando, pero sin la disciplina que lo había generado.

Así entendido, el final del proyecto matematikoí no es un fracaso intelectual, sino un límite histórico. Revela que la verdad, cuando se encarna en instituciones humanas, queda expuesta a fuerzas que no controla. Y, al mismo tiempo, muestra que los ideales de orden, medida y rigor pueden sobrevivir a la destrucción de sus formas originarias, reapareciendo bajo otras configuraciones. El declive no clausura el ideal; lo desplaza. Y en ese desplazamiento se abre el camino para su recepción posterior, ya no como comunidad cerrada, sino como tradición filosófica y simbólica reinterpretada.

Notas

1. Diógenes Laercio, Vidas y opiniones de los filósofos ilustres, libro VIII, 39–40, en M. Marcovich (ed.), Diogenis Laertii Vitae Philosophorum, Teubner, Leipzig; trad. esp. Carlos García Gual, Alianza, Madrid.

CAPÍTULO XXXVI

Recepción en Platón y Aristóteles

Tras la dispersión de las comunidades mathematikoí, el legado pitagórico no desapareció, sino que ingresó en una nueva fase de recepción crítica y reelaboración filosófica. Esta recepción no se produjo como una transmisión homogénea, sino a través de interpretaciones selectivas que integraron ciertos elementos y descartaron otros. En este proceso, las figuras de Platón y Aristóteles resultan decisivas, pues fijaron los marcos conceptuales dentro de los cuales el pitagorismo sería comprendido y discutido en la tradición posterior.

En Platón, la influencia pitagórica se manifiesta de manera estructural más que doctrinal. La centralidad de las matemáticas en la formación del alma, la concepción del cosmos como un orden inteligible y la analogía entre armonía cósmica y armonía del alma remiten claramente a un horizonte pitagórico. Sin embargo, Platón no adopta sin mediaciones la identificación entre número y realidad. El número funciona como instrumento pedagógico y como vía de acceso a lo inteligible, no como principio ontológico último. Esta apropiación selectiva debe entenderse como paráfrasis razonada, fundada en la lectura de los diálogos platónicos donde las matemáticas preparan al alma para la contemplación de las Formas.

La República ofrece un testimonio claro de esta integración crítica. Allí, las disciplinas matemáticas ocupan un lugar central en el currículo filosófico, no por su utilidad práctica, sino por su capacidad para orientar el pensamiento hacia lo necesario y estable. Platón reconoce el valor formativo del número y de la proporción, pero los subordina a una estructura ontológica más amplia. El pitagorismo es, así, asumido y superado: conservado como preparación, pero no como culminación del conocimiento.

En Aristóteles, la recepción adopta un tono distinto. Su aproximación al pitagorismo es eminentemente crítica y analítica. En la Metafísica, Aristóteles examina las doctrinas pitagóricas para delimitar sus aportes y señalar sus insuficiencias. Reconoce el mérito de haber identificado regularidades y estructuras numéricas en la realidad, pero rechaza la reducción del ser al número. Para Aristóteles, el número no puede ocupar el lugar de la sustancia, y la explicación de lo real exige distinguir entre cantidad, cualidad y forma. Esta crítica no elimina el legado pitagórico; lo reubica dentro de una ontología más diferenciada.

La diferencia entre Platón y Aristóteles en su recepción del pitagorismo refleja dos modos complementarios de herencia. Platón integra el ideal mathematikoí en una visión unitaria del conocimiento orientada a la contemplación; Aristóteles lo somete a una depuración conceptual que separa con mayor rigor los ámbitos del saber. En ambos casos, el pitagorismo funciona como interlocutor fundamental, no como doctrina marginal. La filosofía clásica se constituye, en parte, a partir del diálogo con este legado.

Es significativo que, pese a sus críticas, Aristóteles preserve problemas formulados en el contexto pitagórico: la relación entre número y forma, la función de la proporción en la explicación de lo natural y el vínculo entre conocimiento y orden. Estas cuestiones atraviesan su obra, aunque reciban respuestas distintas. El pitagorismo no es refutado y olvidado; es transformado y asimilado de manera selectiva.

La recepción en Platón y Aristóteles tuvo consecuencias duraderas. Al fijar los términos del debate, ambos filósofos determinaron cómo las generaciones posteriores comprenderían el pitagorismo: ya no como una forma de vida comunitaria cerrada, sino como un conjunto de problemas filosóficos integrables en sistemas más amplios. Esta transformación garantizó la supervivencia intelectual del legado mathematikoí, aun al precio de la pérdida de su forma original.

Comprender esta recepción permite evitar interpretaciones anacrónicas. Platón y Aristóteles no fueron discípulos tardíos del pitagorismo ni simples transmisores de sus doctrinas. Fueron intérpretes críticos que, al apropiarse del legado, lo redefinieron. Gracias a esta redefinición, el ideal mathematikoí pudo continuar influyendo en la historia del pensamiento, ya no como comunidad histórica, sino como horizonte conceptual.

En el capítulo siguiente se examinará cómo este legado reinterpretado fue retomado y transformado en la Antigüedad tardía, particularmente en el neopitagorismo y el neoplatonismo, donde el ideal mathematikoí adquirió nuevas formas y funciones.

Notas

2. Platón, República, libro VII, 525b–527c.
3. Aristóteles, Metafísica, libro A (I), 5–6, 985b23–987a (numeración Bekker).

CAPÍTULO XXXVII

Neopitagorismo, neoplatonismo y transformaciones posteriores

Tras la recepción crítica del pitagorismo en Platón y Aristóteles, el legado mathematikoí no quedó fijado de manera definitiva, sino que entró en una nueva etapa de reinterpretación y sistematización durante la Antigüedad tardía. En este período, marcado por la búsqueda de síntesis entre filosofía, religión y ciencia, surgieron corrientes que retomaron elementos pitagóricos y los integraron en marcos conceptuales renovados. El neopitagorismo y el neoplatonismo constituyen los principales escenarios de esta transformación.

El neopitagorismo no debe entenderse como una simple restauración de las comunidades originales. Se trata más bien de una relectura selectiva, en la que el número, la armonía y la vida disciplinada adquieren un significado predominantemente espiritual y ético. El ideal comunitario se atenúa, mientras que el énfasis se desplaza hacia la purificación del alma y la contemplación del orden inteligible. Esta reformulación responde a un contexto cultural distinto, en el que la filosofía busca dialogar con prácticas religiosas y con una concepción más explícitamente trascendente del principio del orden.

Un testimonio central de esta etapa es la obra de Nicómaco de Gerasa, cuya Introducción a la aritmética presenta el número como estructura fundamental de la realidad y como vía de elevación intelectual.[1] Aunque Nicómaco escribe desde una perspectiva tardía, su exposición sistemática de la teoría de los números preserva elementos esenciales del horizonte pitagórico, ahora reinterpretados como camino de formación interior más que como base de una comunidad política. El número se convierte en objeto de contemplación, no en principio de organización cívica.

El neoplatonismo, por su parte, ofrece un marco filosófico más amplio en el que el legado pitagórico encuentra una integración decisiva. Plotino concibe la realidad como una emanación jerárquica a partir del Uno, en la que el orden y la inteligibilidad se despliegan gradualmente.[2] Aunque Plotino no se presenta como pitagórico, su concepción de la unidad, de la proporción y de la armonía del cosmos revela una afinidad profunda con el ideal mathematikoí. El número y la forma ya no explican directamente la estructura política o comunitaria, sino el orden ontológico del ser.

En este contexto, Jámblico desempeña un papel crucial al reinterpretar explícitamente el pitagorismo como una vía espiritual completa. En Sobre la vida pitagórica, Jámblico presenta al pitagórico como un iniciado que progresa mediante disciplinas morales, matemáticas y teúrgicas hacia la unión con el principio divino.[3] Esta elaboración introduce elementos nuevos —especialmente rituales— que no pueden atribuirse sin más a los Mathematikoí originarios, pero que muestran cómo su ideal fue reconfigurado para responder a las inquietudes religiosas de la Antigüedad tardía.

Estas transformaciones implican, inevitablemente, una distancia creciente respecto del proyecto original. El énfasis en la trascendencia y en la salvación del alma desplaza el interés por la organización comunitaria y por la vida cívica. El número deja de ser un principio de orden social para convertirse en símbolo de una jerarquía metafísica. Esta evolución no debe interpretarse como una corrupción del ideal mathematikoí, sino como una adaptación a nuevas condiciones históricas y culturales.

El impacto de estas corrientes se extendió más allá del mundo antiguo. A través del neoplatonismo, ciertos elementos del pitagorismo influyeron en la filosofía tardoantigua, en la reflexión cristiana primitiva y en tradiciones medievales interesadas en la armonía del cosmos y en la estructura matemática de la creación. La transmisión no fue lineal ni uniforme, pero aseguró la pervivencia conceptual del ideal de orden fundado en número y proporción.

Comprender el neopitagorismo y el neoplatonismo como etapas de transformación permite evaluar con mayor precisión el legado mathematikoí. Lejos de permanecer estático, este legado se mostró capaz de generar nuevas configuraciones intelectuales, aun al precio de alejarse de su forma original. En el capítulo siguiente se examinará cómo estas reinterpretaciones influyeron en la Edad Media, el Renacimiento y la modernidad, y de qué manera el ideal mathematikoí continuó operando, de forma explícita o implícita, en contextos posteriores.

Notas

1. Nicómaco de Gerasa, Introducción a la aritmética, libro I, capítulos 1–3. temprano.
2. Plotino, Enéadas, V, 1, 6–7.
3. Jámblico, Sobre la vida pitagórica (De vita Pythagorica), §§ 81–86.

CAPÍTULO XXXVIII

Edad Media, Renacimiento y modernidad

La transmisión del legado mathematikoí hacia la Edad Media, el Renacimiento y la modernidad no siguió una línea recta ni uniforme. Más bien, se produjo mediante mediaciones conceptuales que reinterpretaron el número, la proporción y la armonía dentro de marcos teológicos, cosmológicos y científicos diversos. El ideal original —conocimiento como forma de vida ordenada— se conservó de manera fragmentaria, a veces explícita y otras implícita, adaptándose a nuevas preguntas y a nuevas instituciones del saber.

En la Edad Media latina, el número y la proporción ingresaron en un horizonte teológico. La matemática dejó de ser una vía autónoma de formación integral para convertirse en instrumento de comprensión del orden creado. En este contexto, Agustín de Hipona desempeñó un papel decisivo al integrar la noción de medida y armonía en una teología de la creación. En De musica y De ordine, Agustín sostiene que el orden numérico remite a una racionalidad divina que estructura el mundo y orienta el alma hacia la verdad.[1] Aunque esta perspectiva se distancia del proyecto comunitario pitagórico, preserva la convicción de que el número expresa orden inteligible y posee una función formativa.

La escolástica medieval sistematizó este enfoque al incorporar la matemática en el quadrivium, junto con la música, la geometría y la astronomía. Estas disciplinas se entendían como vías para comprender el orden del cosmos creado, no como fines en sí mismos. El ideal mathematikoí se transforma aquí en una pedagogía preparatoria: el número educa la mente para la teología, pero ya no define una forma de vida independiente. Esta reconfiguración aseguró la continuidad del estudio matemático, aunque subordinado a un fin trascendente.

El Renacimiento introdujo un cambio significativo al recuperar fuentes antiguas y revalorizar la matemática como lenguaje de la naturaleza. La proporción y la armonía volvieron a ocupar un lugar central en la reflexión sobre el cosmos y el ser humano. Johannes Kepler, por ejemplo, interpretó el orden celeste mediante relaciones geométricas y musicales, convencido de que el universo posee una estructura armónica accesible a la razón.[2] Aunque su cosmología se apoya en métodos científicos emergentes, conserva una afinidad profunda con la idea pitagórica de un orden matemático del mundo.

En la modernidad, el desarrollo de la ciencia transformó radicalmente el estatuto del número. La matemática se autonomizó como disciplina formal, separándose progresivamente de sus connotaciones éticas y cosmológicas. El número dejó de ser símbolo del orden para convertirse en herramienta operativa. Sin embargo, esta transformación no eliminó del todo la herencia mathematikoí. La confianza en la inteligibilidad del mundo y en la capacidad de la razón matemática para describirlo sigue siendo uno de los supuestos fundamentales de la ciencia moderna.

Esta evolución implicó una pérdida y una ganancia. Se ganó precisión, poder predictivo y control técnico; se perdió, en gran medida, la unidad entre conocimiento y formación interior. El ideal de una vida ordenada por el saber matemático se fragmentó en especializaciones, y la ética se separó de la epistemología. Desde esta perspectiva, el legado mathematikoí persiste como tensión no resuelta en la modernidad: el saber crece, pero su integración en una concepción unitaria de la vida se debilita.

Comprender el recorrido medieval y moderno del ideal mathematikoí permite evaluar su vigencia sin nostalgia. No se trata de restaurar una concepción antigua del mundo, sino de reconocer que ciertas preguntas —sobre el sentido del conocimiento, su relación con el orden y su impacto en la vida humana— permanecen abiertas. El número ya no organiza comunidades ni cosmologías completas, pero sigue siendo un criterio de inteligibilidad que interpela a quien lo emplea.

Con este capítulo se cierra la PARTE VIII dedicada a la herencia histórica del proyecto mathematikoí. En la PARTE IX, el enfoque se desplazará hacia una lectura comparada y contemporánea, examinando el ideal mathematikoí como estructura formativa, sus posibles paralelos simbólicos —con límites claros— y las condiciones para una lectura actual sin anacronismos.

Notas

1. Agustín de Hipona, De musica, libro VI; De ordine, I, 2–3.
2. Johannes Kepler, Harmonices Mundi, libro V (1619).

PARTE IX

LECTURA COMPARADA Y ACTUALIDAD

CAPÍTULO XXXIX

Matemática como vía de perfección: una estructura iniciática

Considerar la matemática como vía de perfección no implica atribuirle un poder salvífico ni reducir la formación humana a un ejercicio técnico. En el horizonte mathematikoí, la matemática funciona como una estructura iniciática en sentido estricto: un camino progresivo que transforma al sujeto a través del reconocimiento del orden. Esta transformación no se produce por acumulación de información, sino por la interiorización de relaciones necesarias que disciplinan la atención, la razón y el carácter.

La noción de iniciación debe entenderse aquí de manera analítica y no ritualista. Iniciarse en la matemática significa aprender a pensar conforme a criterios de necesidad, proporción y coherencia interna. Cada paso exige un cambio en la disposición del entendimiento: de la opinión a la demostración, de la impresión sensible a la relación inteligible. Esta formulación constituye una paráfrasis razonada, coherente con la pedagogía matemática antigua y con la concepción pitagórica del aprendizaje como proceso formativo.

En este sentido, la matemática no se limita a transmitir resultados, sino que forma hábitos intelectuales. Exige paciencia, exactitud y aceptación de límites. El error no se supera por autoridad externa, sino por revisión interna del razonamiento. Esta exigencia convierte a la matemática en una escuela de autocontrol intelectual, donde el progreso depende de la disposición del aprendiz a someterse al orden que estudia. La perfección no se identifica con la infalibilidad, sino con la capacidad de corregirse conforme a la razón.

Un punto de referencia filosófico decisivo para comprender esta función formativa se encuentra en Platón, quien presenta las disciplinas matemáticas como preparación del alma para la contemplación de lo inteligible. En la República, Platón insiste en que la matemática no debe enseñarse como técnica utilitaria, sino como ejercicio que orienta el pensamiento hacia lo necesario y estable.[1] La matemática inicia al alma en un régimen de verdad que no depende de la persuasión, sino de la demostración.

Desde una perspectiva complementaria, Aristóteles reconoce que la formación científica exige una disposición previa del carácter. En la Ética a Nicómaco, Aristóteles subraya que el aprendizaje intelectual no es independiente de los hábitos, y que la excelencia en el conocimiento presupone una cierta educación moral.[2] Aunque Aristóteles no concibe la matemática como iniciación espiritual, su análisis confirma que el saber riguroso implica una transformación del sujeto, no sólo la adquisición de contenidos.

La estructura iniciática de la matemática se manifiesta también en su progresión interna. No todo puede enseñarse al inicio, ni todo puede comprenderse de inmediato. El paso de lo elemental a lo complejo exige una secuencia ordenada que no admite atajos. Esta progresión protege al conocimiento de la superficialidad y evita la ilusión de comprensión. Para los mathematikoí, respetar el orden del aprendizaje equivale a respetar el orden de la realidad que se busca conocer.

Desde una lectura comparada, esta concepción permite reconocer paralelos formales con otros sistemas de formación gradual, sin afirmar identidades históricas directas. La matemática como vía de perfección comparte con ciertas tradiciones iniciáticas la idea de que el conocimiento auténtico transforma, exige disciplina y se adquiere por grados. Sin embargo, su especificidad reside en que esta transformación se produce mediante el ejercicio de la razón, no mediante la adhesión a dogmas o la experiencia emocional inmediata.

Comprender la matemática como estructura iniciática permite reevaluar su lugar en la cultura contemporánea. Cuando se reduce a herramienta técnica, pierde su potencia formativa; cuando se la absolutiza como único criterio de verdad, se desfigura su función humana. El ideal mathematikoí propone un equilibrio: la matemática como escuela de orden interior, capaz de formar sujetos atentos, rigurosos y conscientes de los límites del lenguaje y de la razón.

Este capítulo no propone recuperar una iniciación matemática en sentido antiguo, sino reconocer una dimensión olvidada del saber matemático. La perfección a la que apunta no es la del dominio total, sino la de la coherencia interior. En el capítulo siguiente se examinarán los parentescos simbólicos entre esta estructura formativa y otras tradiciones modernas, con especial atención a la francmasonería, estableciendo con claridad los límites históricos y conceptuales de toda comparación.

Notas

1. Platón, República, libro VII, 525b–527c.
2. Aristóteles, Ética a Nicómaco, libro II, 1103b–1104a (numeración Bekker).

CAPÍTULO XL

Parentescos simbólicos con la francmasonería (con límites claros)

La comparación entre el ideal mathematikoí y la francmasonería moderna ha sido frecuente en discursos divulgativos, pero rara vez se ha abordado con el rigor histórico y conceptual necesario. Este capítulo no propone una filiación directa ni una continuidad institucional entre ambos fenómenos, sino una lectura comparada que identifica parentescos simbólicos y formativos, estableciendo con claridad los límites de toda analogía. Reconocer semejanzas estructurales no equivale a afirmar identidad histórica.

El primer punto de contacto se encuentra en la concepción del conocimiento como proceso formativo. Tanto en el ideal mathematikoí como en la tradición masónica, el saber no se reduce a información transmitida, sino que se adquiere mediante un camino progresivo que exige disciplina, tiempo y transformación personal. Esta estructura gradual, organizada en etapas, responde a una intuición compartida: no todo conocimiento puede ni debe ser recibido de manera inmediata. Esta afirmación debe entenderse como paráfrasis razonada, basada en la comparación de estructuras pedagógicas y no en la atribución de doctrinas comunes.

Un segundo parentesco se manifiesta en el uso del símbolo como medio privilegiado de transmisión. En ambos contextos, el símbolo no funciona como ornamento, sino como instrumento formativo que remite a relaciones que no se agotan en una explicación literal. El símbolo exige participación activa del sujeto y se despliega progresivamente conforme avanza su comprensión. Esta función simbólica coincide con la concepción mathematikoí del número y de la figura como mediaciones entre lo sensible y lo inteligible.

La importancia del silencio constituye otro punto de convergencia formal. Tanto en las comunidades pitagóricas como en la francmasonería, el silencio aparece vinculado a la preparación interior y al respeto por el orden del aprendizaje. No se trata de secreto absoluto ni de ocultamiento arbitrario, sino de una pedagogía que reconoce los límites de la palabra cuando el sujeto aún no dispone de los hábitos necesarios para comprender. Este paralelismo debe leerse como analogía funcional, no como herencia histórica directa.

Ahora bien, establecer estos parentescos exige señalar con precisión los límites. La francmasonería surge en un contexto moderno, vinculado a la Ilustración, a la reorganización de los gremios y a nuevas concepciones de sociabilidad. Sus fuentes documentales, como las Constituciones de los Francmasones, muestran una elaboración simbólica y ética que responde a problemas muy distintos de los que enfrentaron los mathematikoí de la Magna Grecia.[1] No existe evidencia histórica que permita afirmar una transmisión ininterrumpida ni una dependencia doctrinal directa.

Asimismo, la función social de la francmasonería difiere profundamente de la de las comunidades pitagóricas. Mientras estas últimas aspiraban a una forma de vida integral organizada en torno al conocimiento del orden, la francmasonería moderna se configura como una institución iniciática simbólica que opera dentro de sociedades pluralistas y no pretende sustituir el orden político ni científico. Confundir estos planos conduce a anacronismos que empobrecen la comprensión de ambos fenómenos.

Desde el punto de vista filosófico, puede afirmarse que tanto el ideal mathematikoí como la francmasonería participan de una misma intuición antropológica: el ser humano se perfecciona mediante la disciplina interior, el trabajo simbólico y la búsqueda consciente del orden. Esta intuición no pertenece en exclusiva a ninguna tradición; reaparece en contextos históricos diversos bajo formas distintas. Reconocerla no implica reducir la francmasonería a pitagorismo tardío ni reinterpretar el pitagorismo como masonería antigua.

La comparación, correctamente delimitada, resulta fecunda precisamente porque muestra cómo ciertas estructuras formativas —progresión, símbolo, silencio, trabajo sobre sí— reaparecen cuando el conocimiento se concibe como algo que transforma al sujeto. El parentesco es estructural, no genealógico; simbólico, no histórico. Este criterio permite una lectura respetuosa y rigurosa, evitando tanto la fantasía de una continuidad secreta como la negación dogmática de toda semejanza.

Comprender estos límites es esencial para una lectura contemporánea responsable. El ideal mathematikoí no legitima interpretaciones esotéricas de la francmasonería, ni la francmasonería explica retrospectivamente el pitagorismo. Ambos pueden, sin embargo, ser puestos en diálogo como expresiones distintas de una misma preocupación humana: cómo formar al individuo mediante el orden, la medida y la reflexión simbólica.

En el capítulo siguiente se abordará explícitamente cómo leer hoy a los mathematikoí sin anacronismos, estableciendo criterios metodológicos que permitan distinguir entre comparación legítima y proyección indebida, y situar este ideal antiguo dentro de un marco contemporáneo de comprensión crítica.

Notas

1. James Anderson, The Constitutions of the Free-Masons: Containing the History, Charges, Regulations, &c. of that Most Ancient and Right Worshipful Fraternity, Londres, 1723.

CAPÍTULO XLI

Cómo leer hoy a los mathematikoí sin anacronismos

Leer hoy a los mathematikoí exige una disciplina metodológica tan rigurosa como la que ellos mismos reclamaban para el conocimiento. El anacronismo —la proyección de categorías, valores o instituciones contemporáneas sobre contextos antiguos— constituye el riesgo principal de toda lectura moderna del pitagorismo. Evitarlo no significa renunciar a la interpretación, sino delimitar cuidadosamente sus condiciones.

El primer criterio consiste en distinguir entre fuentes y reconstrucciones. El pitagorismo temprano no se nos transmite a través de tratados sistemáticos escritos por sus protagonistas, sino mediante fragmentos, testimonios indirectos y elaboraciones posteriores. Reconocer esta mediación es indispensable para no atribuir a los mathematikoí doctrinas que pertenecen a épocas distintas. Esta afirmación debe entenderse como paráfrasis razonada, fundada en la crítica histórica de las fuentes antiguas y en la práctica filológica moderna.

Un segundo criterio es la separación de niveles: histórico, simbólico y filosófico. Un mismo elemento —por ejemplo, el número o la armonía— puede operar en estos tres niveles sin coincidir plenamente en ninguno. Históricamente, el número se inscribe en prácticas matemáticas concretas; simbólicamente, remite a relaciones de orden; filosóficamente, plantea problemas sobre la inteligibilidad de lo real. Confundir estos niveles conduce a lecturas reductoras, ya sea positivistas o esoterizantes. La lectura rigurosa reconoce la pluralidad de funciones sin disolverlas en una sola.

El tercer criterio es la resistencia a la genealogía imaginaria. La tentación de establecer continuidades ininterrumpidas —desde los mathematikoí hasta tradiciones modernas— responde más a deseos de legitimación que a evidencias históricas. Como mostró Aristóteles al examinar críticamente a sus predecesores, comprender una doctrina implica situarla en su propio horizonte conceptual, no absorberla en un sistema posterior.[1] La lectura sin anacronismos renuncia a la ilusión de la herencia directa cuando no hay pruebas documentales que la sostengan.

Un cuarto criterio es la atención al lenguaje. Los términos antiguos no coinciden necesariamente con sus homólogos modernos. Palabras como arithmós, harmonía o psyché poseen campos semánticos específicos que no pueden traducirse sin pérdida. Platón advierte reiteradamente sobre los límites del lenguaje para expresar lo inteligible y sobre la necesidad de un aprendizaje prolongado para comprender ciertos términos en su sentido propio.[2] Leer a los mathematikoí hoy exige respetar esa advertencia: traducir no es igualar, sino interpretar con cautela.

Un quinto criterio es la distinción entre estructura y contenido. Es legítimo reconocer semejanzas estructurales —por ejemplo, en formas de transmisión gradual del saber— sin atribuir identidades doctrinales. La estructura iniciática, el uso del símbolo o la función del silencio pueden reaparecer en contextos distintos sin implicar continuidad histórica. Este criterio permite una comparación fecunda sin caer en proyecciones indebidas.

Desde una perspectiva metodológica, estos criterios convergen en una exigencia central: no absolutizar ninguna lectura. El pitagorismo temprano es un campo de tensiones, no un sistema cerrado. Las fuentes conservadas reflejan diversidad interna, evolución histórica y reinterpretaciones sucesivas. Pretender fijar una "doctrina definitiva" de los mathematikoí es desconocer la naturaleza misma del objeto de estudio. Leer sin anacronismos implica aceptar la incompletud como dato constitutivo.

Este enfoque no empobrece la lectura contemporánea; la enriquece. Al renunciar a la apropiación indebida, se gana precisión interpretativa.

Al resistir la proyección ideológica, se preserva la alteridad del pasado. El ideal mathematikoí se vuelve así inteligible en su diferencia, no como espejo de nuestras preocupaciones actuales, sino como interlocutor crítico que obliga a repensarlas.

Comprender cómo leer hoy a los mathematikoí sin anacronismos prepara el terreno para el capítulo final. Allí se examinará la vigencia contemporánea de este ideal, no como herencia directa ni como modelo a restaurar, sino como horizonte crítico desde el cual interrogar la relación entre conocimiento, orden y vida en el mundo actual.

Notas

2. Aristóteles, Metafísica, libro A, 1–3 (numeración Bekker).
3. Platón, Carta VII, 341c–345c.

CAPÍTULO XLII

Vigencia del ideal mathematikoí en el mundo contemporáneo

Hablar hoy de la vigencia del ideal mathematikoí no significa proponer la restauración de una escuela antigua ni reivindicar una continuidad histórica inexistente. Significa, más bien, interrogar el presente a la luz de una figura intelectual límite, que concibió el conocimiento como orden, disciplina y forma de vida. La actualidad del ideal no reside en sus doctrinas específicas, sino en la pregunta fundamental que plantea: qué relación existe entre saber, verdad y transformación del sujeto.

En el mundo contemporáneo, el conocimiento se ha expandido de manera exponencial, pero también se ha fragmentado. La especialización extrema ha producido avances técnicos notables, al precio de una pérdida progresiva de unidad del sentido. En este contexto, el ideal mathematikoí no ofrece soluciones técnicas, pero sí un criterio crítico: el saber que no se integra en una forma de vida ordenada corre el riesgo de convertirse en instrumento sin orientación. Esta afirmación debe entenderse como paráfrasis razonada, fundada en la comparación estructural entre modelos antiguos de formación y prácticas modernas del conocimiento.

La vigencia del ideal se manifiesta, en primer lugar, en la insistencia sobre la formación del intelecto. Para los mathematikoí, conocer implicaba aprender a pensar conforme a relaciones necesarias, aceptar límites y someterse a la coherencia interna del objeto estudiado. Esta actitud sigue siendo esencial en un mundo donde la información circula sin jerarquía y la opinión tiende a sustituir a la demostración. El ideal no prescribe contenidos, sino una disposición intelectual: atención, rigor y paciencia.

En segundo lugar, el ideal mathematikoí conserva relevancia por su vínculo entre conocimiento y autodisciplina. La idea de que el saber exige un trabajo sobre sí mismo resulta contracultural en entornos donde el aprendizaje se concibe como consumo rápido. Sin embargo, disciplinas contemporáneas —desde las matemáticas avanzadas hasta la investigación científica— confirman que el conocimiento profundo requiere hábitos de concentración, silencio y perseverancia. El ideal antiguo reaparece aquí no como modelo histórico, sino como estructura permanente del aprender.

Desde una perspectiva filosófica, esta vigencia se inscribe en la tradición de la vida contemplativa. Platón sostuvo que la educación auténtica orienta el alma hacia lo que es estable y necesario, y que sin esta orientación el saber se disuelve en mera técnica.[1] Aristóteles, por su parte, afirmó que la contemplación constituye la forma más alta de actividad humana, precisamente porque no se subordina a la utilidad inmediata.[2] Estas afirmaciones no dependen del pitagorismo en sentido estricto, pero confirman que el ideal mathematikoí se inscribe en una línea duradera de reflexión sobre el sentido último del conocimiento.

La vigencia del ideal se percibe también en la crítica contemporánea a la neutralidad del saber. El proyecto mathematikoí niega implícitamente que el conocimiento sea indiferente a quien lo posee. Saber transforma, ordena o desordena, según la disposición del sujeto. Esta intuición resulta particularmente relevante en contextos donde el dominio técnico no siempre va acompañado de responsabilidad ética. El ideal no ofrece un código moral, pero recuerda que no hay saber sin consecuencias humanas.

Ahora bien, reconocer esta vigencia exige también reconocer los límites del ideal. El mundo contemporáneo no puede ni debe organizarse conforme a una comunidad cerrada de sabios ni a una jerarquía del saber como la antigua. La pluralidad de formas de vida, la complejidad social y la autonomía de las ciencias hacen imposible cualquier retorno literal. La vigencia del ideal es, por tanto, crítica y selectiva, no normativa ni restauradora.

En este sentido, el ideal mathematikoí funciona como un horizonte regulativo, no como un programa institucional. Invita a repensar la relación entre especialización y totalidad, entre eficacia y sentido, entre conocimiento y formación interior. Su fuerza reside en su capacidad de plantear preguntas incómodas, no en ofrecer respuestas cerradas. Precisamente por ello, su actualidad no se agota, sino que se renueva en cada contexto histórico que enfrenta la tensión entre saber y vida.

Cerrar este recorrido con la noción de vigencia implica reconocer que el ideal mathematikoí pertenece al pasado y, al mismo tiempo, lo desborda. No como herencia directa, sino como testimonio de una aspiración humana persistente: comprender el mundo de manera ordenada y vivir conforme a esa comprensión. Entre la técnica sin alma y la espiritualidad sin rigor, el ideal mathematikoí señala una tercera vía exigente, siempre difícil y siempre necesaria.

Con este capítulo se completa el itinerario del libro. No como sistema definitivo, sino como marco de reflexión para quien considere que el conocimiento, para ser verdadero, debe también ser formativo.

Notas

1. Platón, República, libro VII, 532a–534e.
2. Aristóteles, Ética a Nicómaco, libro X, 7–8, 1177a–1179a (numeración Bekker).

CAPÍTULO XLIII

Síntesis final: vigencia y límites del ideal mathematikoí

El recorrido realizado a lo largo de este libro permite apreciar la singularidad del ideal matematikoí sin recurrir a idealizaciones acríticas ni a reducciones simplificadoras. Lejos de constituir una curiosidad histórica, la figura del Matematikoí encarna una concepción exigente del conocimiento como forma de vida, en la que número, proporción, música, cosmología y ética se articulan en una unidad coherente. Esta unidad no es el resultado de una síntesis teórica posterior, sino la expresión de una práctica intelectual y vital que buscó comprender el orden del mundo y habitarlo de manera consciente.

La vigencia de este ideal reside, en primer término, en su afirmación de la inteligibilidad del mundo. Para los Matematikoí, el cosmos no es un agregado arbitrario de fenómenos, sino una estructura ordenada susceptible de ser conocida. Esta convicción, formulada en términos antiguos, encuentra eco en la confianza moderna en la racionalidad de la naturaleza, aun cuando los marcos conceptuales hayan cambiado radicalmente. El reconocimiento de relaciones, estructuras y leyes sigue siendo el fundamento de toda investigación rigurosa, y en este sentido el proyecto matematikoí conserva una resonancia duradera.

Un segundo aspecto de su vigencia se halla en la unidad entre conocimiento y formación del sujeto. El saber no se concibe como neutral respecto de quien lo posee. Conocer implica transformarse, adquirir hábitos de atención, disciplina y coherencia. Esta exigencia resulta particularmente significativa en contextos contemporáneos marcados por la acumulación fragmentaria de información y por la separación entre competencia técnica y responsabilidad ética. El ideal matematikoí recuerda que el conocimiento sin orden interior pierde su orientación y su sentido.

Desde una perspectiva filosófica más amplia, este ideal se sitúa en continuidad con la tradición de la vida contemplativa, tal como fue desarrollada por Platón y reelaborada críticamente por Aristóteles. Platón concibe la contemplación del orden inteligible como culminación del proceso educativo, mientras que Aristóteles define la theōría como la actividad más alta del ser humano.[12] Aunque ninguno de los dos reproduce sin más el modelo pitagórico, ambos confirman la centralidad de la contemplación como horizonte del saber, lo que refuerza la importancia histórica del ideal matematikoí.

Sin embargo, una evaluación honesta exige reconocer también los límites de este ideal. La identificación estrecha entre número y orden del mundo, fecunda en su contexto original, mostró sus tensiones con el desarrollo de la matemática y de la ciencia. El descubrimiento de lo inconmensurable, la distinción entre aritmética y geometría y la progresiva autonomización de las disciplinas revelaron que la realidad no siempre se deja captar mediante esquemas simples de proporción. El ideal pitagórico debió transformarse para sobrevivir, y en ese proceso perdió parte de su pretensión de totalidad.

Asimismo, la forma comunitaria cerrada que caracterizó a los Matematikoí resulta difícilmente compatible con las condiciones sociales y epistemológicas de contextos posteriores. El acceso selectivo al saber, la transmisión restringida y la autoridad pedagógica rígida respondían a un mundo distinto del actual. Reconocer este límite no implica descalificar el ideal, sino situarlo históricamente y evitar su aplicación anacrónica.

La fecundidad duradera del proyecto matematikoí no reside, por tanto, en la reproducción literal de sus prácticas, sino en la orientación que propone. Pensar el conocimiento como búsqueda del orden, concebir la matemática como lenguaje de relaciones y no sólo como técnica, y vincular el saber con la formación del carácter son intuiciones que pueden ser reinterpretadas críticamente sin necesidad de adoptar el marco cosmológico antiguo.

Desde esta perspectiva, el ideal matematikoí funciona como un criterio de evaluación más que como un modelo cerrado. Invita a interrogar la relación entre teoría y vida, entre especialización y sentido, entre dominio técnico y responsabilidad ética. Su vigencia no se mide por la cantidad de doctrinas que puedan recuperarse intactas, sino por la capacidad de suscitar preguntas fundamentales sobre el propósito del conocimiento.

Concluir este libro no significa clausurar el tema, sino delimitar un campo de reflexión. La figura del Matematikoí emerge como testimonio histórico de una aspiración humana recurrente: comprender el mundo de manera ordenada y vivir conforme a esa comprensión. Entre la ambición de totalidad y la aceptación de los límites, este ideal sigue ofreciendo una referencia valiosa para pensar el lugar del saber en la vida humana.

Notas

1. Platón, República, libro VII, 532a–534e.
2. Aristóteles, Ética a Nicómaco, libro X, 7–8, 1177a–1179a (numeración Bekker).

CONCLUSIÓN FINAL IMPLÍCITA

El recorrido realizado a lo largo de estas páginas no ha tenido como finalidad reconstruir una escuela antigua como si se tratara de un sistema cerrado ni ofrecer una historia exhaustiva del pitagorismo en todas sus variantes. El propósito ha sido más preciso y, al mismo tiempo, más exigente: comprender una figura humana, la del mathematikoí, como expresión de una determinada relación entre conocimiento, orden y vida interior.

A lo largo del libro se ha mostrado que el mathematikoí no se define por la posesión de un saber especializado, sino por una actitud ante el conocimiento. El número, la proporción, la armonía y la disciplina no aparecen como fines en sí mismos, sino como medios para ordenar la mirada, el pensamiento y la conducta. Conocer no equivale a acumular datos, sino a aprender a situarse ante la realidad de manera medida y coherente. En este sentido, el saber es inseparable de la formación del carácter.

El ideal mathematikoí parte de una convicción fundamental: el mundo no es un caos arbitrario, sino una realidad estructurada, susceptible de ser comprendida mediante relaciones. Esta comprensión, sin embargo, no se agota en el plano teórico. Exige un trabajo sobre uno mismo. El número educa la razón, la música ordena la sensibilidad, la geometría disciplina la mirada y el silencio protege el proceso de maduración interior. El conocimiento auténtico no transforma sólo lo que se sabe, sino a quien sabe.

Esta figura humana no pertenece exclusivamente al pasado. No como modelo histórico a restaurar, sino como referencia crítica. En un contexto contemporáneo marcado por la fragmentación del saber, la aceleración de la información y la separación entre competencia técnica y responsabilidad personal, el mathematikoí recuerda que el conocimiento sin orden interior pierde su orientación. La técnica puede avanzar sin límite, pero sin una medida interior corre el riesgo de volverse ciega.

El libro ha insistido, de manera deliberada, en establecer límites claros. No existe continuidad histórica directa entre las comunidades pitagóricas y las tradiciones posteriores que reutilizaron sus símbolos. No hay transmisión secreta ni linaje oculto. Lo que existe es algo más profundo y, a la vez, más humilde: la reaparición recurrente de una misma pregunta humana. ¿Cómo formar al individuo para que el conocimiento no lo disperse, sino que lo unifique? ¿Cómo evitar que el saber se convierta en mera acumulación sin sentido?

En este punto, el mathematikoí aparece como una figura de equilibrio. No rechaza la razón, pero tampoco la absolutiza. No desprecia el lenguaje, pero reconoce sus límites. No glorifica el silencio como misterio vacío, sino como condición de una palabra justa. No convierte el número en superstición, pero tampoco lo reduce a herramienta neutra. Todo en él apunta a una misma dirección: la búsqueda del orden interior como condición del conocimiento verdadero.

Esta búsqueda no es cómoda ni rápida. Exige tiempo, disciplina y aceptación de límites. Exige reconocer que no todo puede decirse de inmediato, que no todo puede comprenderse sin preparación, y que no todo progreso es acumulativo. El mathematikoí no persigue el dominio total de la realidad, sino la coherencia entre lo que se conoce y la forma en que se vive.

Cerrar este libro con una conclusión implícita responde precisamente a esa lógica. El ideal que se ha descrito no necesita un cierre doctrinal ni una fórmula definitiva. Su sentido no se agota en una tesis, sino que permanece abierto como exigencia. Cada lector decidirá qué hacer con ella: ignorarla, reinterpretarla o dejarse interpelar.

Si este trabajo logra algo, no será haber ofrecido respuestas concluyentes, sino haber delimitado con claridad una figura humana posible: la de quien entiende el conocimiento no como poder, sino como responsabilidad; no como acumulación, sino como orden; no como espectáculo exterior, sino como trabajo interior. En ese sentido, el mathematikoí no es sólo un objeto de estudio histórico, sino un espejo exigente en el que todavía hoy es posible reconocerse.

NOTA DEL AUTOR

Este libro no nace de la intención de ofrecer una síntesis definitiva sobre el pitagorismo ni de reconstruir una escuela antigua como si se tratara de un sistema cerrado y homogéneo. Nace, más bien, de una inquietud intelectual persistente: comprender cómo, en determinados momentos de la historia, el conocimiento fue concebido no sólo como acumulación de saber, sino como forma de vida, disciplina interior y búsqueda consciente del orden. Desde esa inquietud se fue configurando, con el paso del tiempo, un interés sostenido por aquellas figuras humanas que entendieron el aprender como un trabajo sobre sí mismos y no como una mera apropiación de conceptos.

El término mathematikoí ha sido elegido deliberadamente para designar ese ideal humano que atraviesa las fuentes antiguas y que no se deja reducir ni al filósofo teórico ni al técnico especializado. A lo largo de estas páginas, el mathematikoí aparece como alguien que aprende, que se forma y que se somete al número, a la proporción y a la armonía no para dominarlas, sino para ordenarse a sí mismo conforme a ellas. En este sentido, el libro no propone una doctrina cerrada, sino una manera de comprender la relación entre conocimiento, medida y vida interior.

Los temas abordados en esta obra no surgieron de manera repentina ni circunstancial. Tanto los mathematikoí como los collegia fabrum habían sido objeto de estudio, reflexión y escritura previa en trabajos desarrollados en el ámbito de la investigación masónica, concretamente en el seno de Ars Mystica Council No. 253, cuerpo de investigación masónica al que pertenezco, adscrito a los Allied Masonic Degrees del estado de Florida. Este libro es, por tanto, el resultado de un proceso prolongado de lectura, análisis y elaboración, en el que esos objetos de estudio fueron adquiriendo progresivamente mayor densidad intelectual y simbólica.

Durante el proceso final de escritura y revisión de esta obra, una experiencia personal vivida en un contexto de enfermedad y hospitalización produjo una intensificación inesperada del vínculo interior con esos temas. En estados de conciencia alterados por la medicación, no descubrí ideas nuevas ni recibí revelaciones ajenas al trabajo previo; experimenté, más bien, de forma especialmente intensa una cercanía simbólica con los ideales humanos que este libro estudia. Menciono esta vivencia únicamente por honestidad personal, no como hecho objetivo ni como afirmación metafísica, sino como confirmación interior de que estas investigaciones habían dejado de ser sólo un ejercicio intelectual para convertirse en una forma de pertenencia consciente a un horizonte de orden, disciplina y búsqueda.

El lector no encontrará aquí especulación esotérica ni genealogías imaginarias. Tampoco encontrará una negación simplista del simbolismo antiguo. El enfoque adoptado busca mantener un equilibrio exigente entre rigor histórico, claridad conceptual y reflexión antropológica. Cuando la evidencia lo permite, se afirma; cuando no lo permite, se reconstruye con cautela; cuando el análisis entra en el plano simbólico, se lo declara explícitamente como tal, sin confundir planos ni forzar conclusiones.

Este libro está dirigido a quienes consideran que el conocimiento merece ser tomado en serio, no sólo como herramienta intelectual, sino como responsabilidad personal. Si logra despertar una lectura atenta, crítica y reflexiva, habrá cumplido su propósito. No pretende cerrar un tema, sino abrir un espacio de pensamiento ordenado, donde el pasado pueda ser comprendido sin ser deformado y el presente interrogado sin concesiones fáciles, desde la convicción de que toda búsqueda auténtica exige, además de inteligencia, coherencia interior.

ADVERTENCIA METODOLÓGICA

El estudio del pitagorismo temprano y, en particular, de la figura de los mathematikoí, presenta dificultades metodológicas que no pueden ser eludidas sin caer en simplificaciones o anacronismos. No se conservan escritos directos de los protagonistas, y gran parte de la información disponible proviene de testimonios indirectos, doxografías y elaboraciones posteriores. Este hecho impone una prudencia crítica constante, que ha guiado todo el desarrollo del libro.

Por esta razón, el contenido ha sido organizado atendiendo a una distinción clara entre tres niveles: evidencia verificable, reconstrucción probable y lectura simbólica o interpretativa. Esta distinción no establece jerarquías de valor, pero sí delimita con precisión el estatuto de cada afirmación. Allí donde las fuentes son explícitas, se ha indicado su respaldo; allí donde la información es fragmentaria, se ha procedido mediante reconstrucción razonada; y allí donde el análisis adopta una función simbólica, se ha señalado sin ambigüedad.

Se ha evitado conscientemente toda pretensión de continuidad histórica directa entre el pitagorismo antiguo y tradiciones posteriores. Las comparaciones realizadas responden a analogías estructurales, no a filiaciones documentadas. Este criterio busca proteger el análisis tanto de la fantasía genealógica como del reduccionismo positivista.

Asimismo, se ha cuidado el uso del lenguaje. Los términos griegos se emplean con atención a su campo semántico original y se traducen al español como equivalencias funcionales, no como sustituciones absolutas. El glosario técnico incluido en los apéndices cumple la función de fijar estos usos de manera coherente a lo largo del texto.

Finalmente, este trabajo asume que el rigor académico no consiste en multiplicar citas innecesarias, sino en emplear las referencias justas, pertinentes y verificables. Cada cita cumple una función precisa; lo que no puede ser sustentado documentalmente se presenta como paráfrasis o interpretación, nunca como afirmación categórica.

El lector es invitado, así, a recorrer el libro con una actitud acorde a su objeto: atención, paciencia y disposición a distinguir niveles. Sólo desde ese cuidado metodológico es posible aproximarse con fidelidad a una tradición que hizo del orden, la medida y la disciplina intelectual no sólo un tema de estudio, sino una forma de vida.

DECLARACIÓN DE RESPONSABILIDAD DEL AUTOR

El autor declara que toda cita, idea o referencia contenida en esta obra ha sido objeto del mayor cuidado en su verificación y contraste con fuentes fidedignas, tanto documentales como académicas. No obstante, reconoce que, en el ejercicio interpretativo propio de la reflexión masónica y simbólica, puede haber formulaciones nacidas de la interiorización personal del pensamiento ajeno, elaboradas en el crisol de la meditación iniciática.

Si alguna de tales expresiones hubiese sido consignada como cita literal por inadvertencia o exceso de familiaridad con la fuente, deberá entenderse como interpretación o desarrollo del autor inspirado en el espíritu de la obra original, y no como transcripción textual de la misma.

Este reconocimiento no implica duda sobre la veracidad del trabajo, sino reafirmación del principio masónico de perfectibilidad, por el cual toda construcción intelectual, al igual que toda piedra, puede ser nuevamente tallada bajo una luz más clara.

Así, el autor asume plena responsabilidad sobre toda idea, juicio o interpretación que no corresponda estrictamente a lo verificable, recordando que el estudio del Masón es una forma de trabajo interior donde la verdad se busca con rectitud, se expresa con humildad y se ofrece con fidelidad.

La fidelidad a las fuentes y la libertad del pensamiento iniciático no se oponen: se complementan como la Escuadra y el Compás. Entre ambas se traza el equilibrio que guía esta obra, en respeto a la verdad documental y en servicio a la Luz que todo masón persigue.

En el camino iniciático, la Verdad no se impone: se revela gradualmente a cada conciencia según su grado de comprensión.

Ningún hombre posee la Verdad absoluta; cada uno contempla un reflejo de ella desde su propio espejo interior. Lo que aquí se ofrece no pretende ser la Verdad, sino una búsqueda sincera de ella, sabiendo que todo buscador tiene su propio sendero hacia la Luz.

NOTA EDITORIAL

La presente obra ha sido editada con el propósito de ofrecer una lectura clara, coherente y fiel tanto a las fuentes antiguas como a los criterios académicos contemporáneos. Las decisiones editoriales adoptadas responden a la necesidad de equilibrar rigor, legibilidad y precisión conceptual.

Los términos griegos se presentan, cuando resulta pertinente, en su forma transliterada, acompañados de traducciones funcionales al español. Estas traducciones no pretenden agotar el campo semántico original, sino fijar el sentido operativo con el que cada término es utilizado a lo largo del texto. El glosario técnico incluido en los apéndices cumple la función de unificar estos criterios y evitar ambigüedades.

Las citas de autores antiguos y modernos se han seleccionado atendiendo a su relevancia directa para el argumento desarrollado. Se ha evitado deliberadamente la acumulación innecesaria de referencias, privilegiando aquellas que aportan claridad conceptual o respaldo documental. Las traducciones de textos clásicos, cuando no se indica lo contrario, proceden de ediciones reconocidas; cualquier énfasis tipográfico añadido responde a fines explicativos.

El uso de cursivas, comillas y mayúsculas sigue criterios editoriales uniformes. Las cursivas se emplean principalmente para términos en lengua original, conceptos técnicos y énfasis conceptuales puntuales. Las comillas se reservan para citas textuales o para señalar usos problemáticos del lenguaje. Las mayúsculas se utilizan únicamente cuando la convención lo exige o cuando el contexto simbólico lo justifica.

La estructura del libro —prólogo, introducción, cuerpo principal, conclusión implícita y apéndices— responde a una decisión editorial consciente, orientada a preservar la continuidad del argumento y a facilitar distintos niveles de lectura. Los apéndices no constituyen material secundario, sino complementario, y pueden consultarse de manera independiente sin afectar la comprensión global de la obra.

Cualquier error tipográfico, omisión involuntaria o imprecisión editorial que pudiera subsistir es responsabilidad de la edición y no compromete la intención ni el rigor del trabajo intelectual desarrollado.

APÉNDICE A

Glosario técnico (griego–español)

Este glosario reúne los términos griegos fundamentales utilizados a lo largo del libro. Su finalidad no es agotar los campos semánticos posibles, sino fijar el sentido operativo con el que cada término ha sido empleado, evitando anacronismos y traducciones equívocas. Las traducciones al español deben entenderse como equivalencias funcionales, no como sustituciones exhaustivas.

ἀριθμός (arithmós)

Número entendido no sólo como cantidad, sino como relación estructurada. En el contexto mathematikoí, designa aquello que introduce orden, medida y proporción en lo real.

ἁρμονία (harmonía)

Ajuste, ensamblaje, concordancia de partes. No se limita al ámbito musical; indica toda relación proporcionada que produce coherencia.

μέτρον (métron)

Medida, límite adecuado. Expresa la idea de justa proporción frente al exceso (ὕβρις).

λόγος (lógos)

Razón, discurso, proporción. Puede significar tanto palabra articulada como relación racional que estructura lo real.

ψυχή (psychḗ)

Alma, principio vital y cognoscitivo. En este libro se utiliza para designar la interioridad humana susceptible de orden y desorden.

κάθαρσις (kátharsis)

Purificación. Proceso de ordenamiento del alma mediante disciplina, música, conocimiento y hábito.

θεωρία (theōría)

Contemplación. Forma superior de conocimiento orientada a lo estable y necesario, no a la utilidad inmediata.

νοῦς (noûs)

Intelecto. Facultad de aprehensión directa de principios, irreductible al razonamiento discursivo.

διάνοια (diánoia)

Pensamiento discursivo. Razonamiento que opera mediante pasos, hipótesis y mediaciones simbólicas.

σύμβολον (sýmbolon)

Símbolo. Medio de conocimiento que muestra relaciones sin agotarlas en el discurso literal.

σιγή (sigḗ)

Silencio. No como ausencia de palabra, sino como condición pedagógica del conocimiento.

παιδεία (paideía)

Formación integral. Proceso educativo que abarca razón, carácter y sensibilidad.

βίος (bíos)

Vida entendida como forma de existencia organizada por hábitos y orientaciones, no sólo como hecho biológico.

τάξις (táxis)

Orden, disposición correcta de partes. Aparece tanto en el cosmos como en la vida humana.

κόσμος (kósmos)

Orden, universo. Designa el mundo en tanto realidad estructurada y no caótica.

μέθεξις (méthexis)

Participación. Relación por la cual lo particular toma parte de un orden o principio más amplio.

ὕβρις (hýbris)

Desmesura, exceso. Lo contrario de métron; ruptura del orden por falta de medida.

ἀρετή (aretḗ)

Excelencia, virtud. Disposición estable del carácter conforme al orden y la medida.

διδασκαλία (didaskalía)

Enseñanza. Transmisión guiada del conocimiento, subordinada a la disposición del aprendiz.

μαθηματικά (mathēmatiká)

Lo que se aprende. Conjunto de saberes formativos orientados a la comprensión del orden.

μαθηματικοί (mathēmatikói)

"Los que aprenden". Designa a quienes acceden al conocimiento del número como forma de vida, no como mera técnica.

APÉNDICE B

Línea de tiempo y fuentes

Esta línea de tiempo presenta, de manera sintética, los hitos históricos, las capas de transmisión y las principales fuentes relacionadas con el ideal mathematikoí. Su función no es reconstruir una cronología exhaustiva, sino situar con claridad la distancia entre hechos, testimonios y reinterpretaciones, permitiendo al lector distinguir entre evidencia temprana, recepción filosófica y elaboraciones tardías. No se incluyen notas críticas extensas; la finalidad es orientativa y metodológica.

Siglo VI a. C.

Aparición de comunidades pitagóricas en la Magna Grecia (Crotona y otras ciudades). Organización comunitaria del saber, disciplina de vida, centralidad del número y de la armonía. Fuentes: testimonios indirectos y tradiciones posteriores; no se conservan escritos directos de los protagonistas.

Finales del siglo VI – comienzos del V a. C.

Conflictos políticos en ciudades de la Magna Grecia; tensiones entre comunidades pitagóricas y facciones cívicas. Episodios de violencia y dispersión. Fuentes: referencias históricas fragmentarias; relatos reconstruidos por autores posteriores.

Siglo V a. C.

Integración parcial de ideas pitagóricas en el debate filosófico griego. Discusión sobre número, forma, alma y conocimiento. Fuentes: alusiones en autores clásicos; tradición doxográfica.

Siglos IV a. C.

Recepción crítica del pitagorismo en la filosofía clásica.

– **Platón:** incorporación estructural de las matemáticas como formación del alma; subordinación del número a una ontología de las Formas.

– **Aristóteles:** análisis y crítica del pitagorismo en el marco de una ontología diferenciada.

Fuentes: diálogos platónicos; tratados aristotélicos.

Siglos I a. C. – I d. C.

Reaparición sistemática del pitagorismo en contextos filosófico-religiosos. Desarrollo del neopitagorismo.

Fuentes: tratados aritméticos y filosóficos; compilaciones doctrinales.

Siglos III–IV d. C.

Integración del legado pitagórico en el neoplatonismo. Reinterpretación del número, la armonía y la vida filosófica como vía espiritual.

Fuentes: obras de Plotino, Porfirio y Jámblico.

Alta Edad Media (siglos V–X)

Transmisión indirecta del ideal de orden numérico a través de la filosofía tardoantigua y de la patrística cristiana.

Fuentes: textos teológicos y enciclopédicos; tradición del quadrivium.

Baja Edad Media (siglos XI–XV)

Sistematización del número, la música y la astronomía en el marco escolástico. La matemática como preparación para la teología.

Fuentes: manuales escolares y tratados filosóficos medievales.

Renacimiento (siglos XV–XVI)

Revalorización del número y la proporción como lenguaje de la naturaleza. Recuperación de fuentes antiguas.

Fuentes: textos humanistas y científicos.

Edad Moderna (siglos XVII–XVIII)

Autonomización de la matemática como ciencia formal. Separación progresiva entre saber técnico y formación ética.

Fuentes: tratados científicos modernos.

Época contemporánea

Lectura crítica del pitagorismo como ideal formativo histórico. Uso comparado y simbólico, con delimitación metodológica estricta.

Fuentes: estudios históricos y filosóficos modernos.

APÉNDICE C

Mapa de evidencia: verificable / probable / simbólico

Este apéndice explicita el criterio metodológico empleado a lo largo del libro para clasificar los contenidos según su grado de respaldo histórico y textual. Su finalidad es ofrecer transparencia epistemológica, permitiendo al lector distinguir con claridad entre lo que está documentado, lo que es reconstrucción razonada y lo que cumple una función simbólica o interpretativa. Esta distinción no jerarquiza el valor intelectual de los contenidos, pero sí precisa su estatuto.

I. Evidencia verificable

Se considera verificable todo aquello que puede respaldarse mediante fuentes textuales conservadas, testimonios explícitos de autores identificables o referencias cruzadas coherentes dentro del corpus antiguo.

Incluye, entre otros:

- La existencia histórica de comunidades pitagóricas en la Magna Grecia.
- La distinción entre akousmatikoi y mathematikoí tal como aparece en la tradición doxográfica.
- La presencia de ideas pitagóricas en obras de filósofos clásicos.
- La crítica aristotélica a la identificación del ser con el número.
- La sistematización tardía del pitagorismo en autores neopitagóricos y neoplatónicos.
- La integración medieval del número, la música y la astronomía en el quadrivium.

Estos elementos constituyen el núcleo documental del libro y han sido tratados con referencias explícitas y verificables en los capítulos correspondientes.

II. Evidencia probable (reconstrucción razonada)

Se considera probable aquello que no se encuentra directamente atestiguado en una fuente única y explícita, pero que resulta verosímil a partir de:

- la convergencia de testimonios,
- la coherencia interna del contexto histórico,
- y la comparación crítica de fuentes.

Incluye, por ejemplo:

- La organización interna detallada de la vida cotidiana mathematikoí.
- El alcance real de su influencia política en determinadas ciudades.
- La función pedagógica específica del silencio en etapas iniciales de formación.
- La articulación práctica entre matemática, ética y forma de vida.

Estas reconstrucciones se han presentado siempre como paráfrasis razonadas, evitando afirmaciones categóricas cuando la evidencia no lo permite.

III. Dimensión simbólica e interpretativa

Se considera simbólico aquello que no pretende describir un hecho histórico puntual, sino iluminar un sentido, una estructura o una función formativa.

Incluye:

- La lectura del mathematikoí como figura antropológica.

- La interpretación del número como principio de orden interior.
- El uso del concepto de "estructura iniciática" aplicado al aprendizaje matemático.
- Las comparaciones formales con tradiciones posteriores, realizadas con límites explícitos.

Estos elementos no buscan demostrar hechos, sino pensar relaciones. Su validez no depende de la verificación documental directa, sino de su coherencia conceptual y de su fidelidad al marco histórico delimitado.

IV. Función del mapa de evidencia

Este mapa cumple una función doble. Por un lado, protege al lector de confusiones entre historia, interpretación y simbolismo. Por otro, protege el propio libro de lecturas dogmáticas o esotéricas que ignoren los límites del conocimiento histórico. La claridad en la clasificación de la evidencia no empobrece el discurso; lo fortalece.

El ideal mathematikoí no necesita ser absolutizado para resultar significativo. Su fuerza reside precisamente en que puede ser comprendido a la vez como fenómeno histórico, como proyecto intelectual y como figura simbólica, siempre que se respeten los planos y no se confundan sus niveles.

APÉNDICE D

Cuaderno matemático

Este cuaderno reúne desarrollos, esquemas y observaciones matemáticas que acompañan al cuerpo principal del libro sin interrumpir su continuidad discursiva. No pretende reconstruir un sistema matemático pitagórico exhaustivo —algo imposible dadas las fuentes—, sino ilustrar con claridad los conceptos operativos que han sido analizados: número, proporción, paridad, límite y relación. Su función es pedagógica y aclaratoria, no doctrinal.

1. Número como relación

En el horizonte mathematikoí, el número no se reduce a conteo. Se entiende como relación estructurante. Dos números no "significan" por sí solos; adquieren sentido por su proporción. Este enfoque explica por qué la matemática antigua se orienta a la comparación (doble, triple, mitad) antes que a la magnitud abstracta. La comprensión del número es, ante todo, comprensión de vínculos.

2. Par e impar

La distinción entre par e impar funciona como principio organizador. El par remite a divisibilidad y estabilidad; el impar introduce límite y articulación. Esta distinción, ampliamente atestiguada en la tradición antigua, permite pensar equilibrios y tensiones sin recurrir a explicaciones metafóricas. Aquí se presenta como esquema formal de clasificación, no como simbolismo arbitrario.

3. Proporción (λόγος)

La proporción expresa la igualdad de relaciones entre magnitudes distintas. No es una identidad, sino una correspondencia. En términos simples:

$$a : b = c : d$$

Este esquema sostiene la inteligibilidad del orden, tanto en la aritmética como en la geometría y la música. La proporción no elimina la diferencia; la articula.

4. Figuras elementales

Las figuras geométricas básicas (punto, línea, superficie) se presentan aquí como instrumentos de pensamiento, no como objetos físicos. El punto marca posición sin extensión; la línea introduce dirección; la superficie delimita. Estos conceptos permiten pensar la generación del espacio mediante relaciones simples y necesarias.

5. Conmensurabilidad e inconmensurabilidad

La crisis de lo inconmensurable —cuando no existe una unidad común entre magnitudes— señala un límite interno del pensamiento aritmético temprano. Este problema no se desarrolla aquí técnicamente, pero se indica su función: mostrar que el orden no siempre es reducible a una razón simple. El reconocimiento del límite no destruye el orden; lo complejiza

6. Número y demostración

La demostración matemática no se apoya en autoridad ni en persuasión retórica. Exige necesidad interna. Este cuaderno presenta ejemplos esquemáticos de razonamiento paso a paso, con el objetivo de mostrar cómo la matemática forma hábitos de rigor: precisión, coherencia y aceptación del resultado, incluso cuando contradice la expectativa inicial.

7. Función formativa

El conjunto de estos elementos permite comprender por qué la matemática fue concebida como formación del intelecto. No por su utilidad práctica inmediata, sino porque obliga al pensamiento a someterse a un orden que no depende del deseo. El aprendizaje matemático aparece así como ejercicio de disciplina interior.

8. Límite del cuaderno

Este cuaderno no sustituye tratados antiguos ni manuales modernos. Su propósito es acompañar la lectura principal, ofreciendo al lector herramientas conceptuales suficientes para comprender el uso que el libro hace de los términos matemáticos, sin sobrecargar el discurso ni desviar su enfoque.

APÉNDICE E

Cuaderno musical

Este cuaderno complementa el Cuaderno matemático mostrando cómo la noción de armonía se manifiesta de forma audible y experiencial. Su finalidad no es reconstruir una teoría musical antigua en sentido técnico, sino aclarar los principios mediante los cuales la música fue comprendida como expresión del orden numérico y como medio de formación del carácter. La música aparece aquí como matemática sensible, capaz de traducir relaciones abstractas en experiencia.

1. Música como proporción audible

En la tradición antigua, la música se entiende a partir de relaciones numéricas simples entre longitudes, tensiones o frecuencias. La consonancia no depende del agrado subjetivo, sino de la proporción entre sonidos. Este principio permite pensar la música como un caso privilegiado donde el número se hace perceptible sin perder su rigor estructural.

2. Intervalos fundamentales

Los intervalos básicos se describen mediante razones sencillas (por ejemplo, 2:1, 3:2, 4:3). Estas relaciones no se presentan aquí como fórmulas técnicas, sino como ejemplos de correspondencia necesaria entre magnitudes. El oído reconoce la consonancia cuando la relación es estable; la disonancia señala tensión o complejidad. La música enseña, así, a escuchar relaciones, no sonidos aislados.

3. Ritmo y medida

El ritmo introduce orden temporal. No es mera repetición, sino articulación de duraciones conforme a una medida. La regularidad rítmica disciplina la percepción del tiempo y educa la atención. En este sentido, el ritmo cumple una función análoga a la del número en el pensamiento: estructura sin imponer rigidez.

4. Música y formación del carácter

La música fue considerada un instrumento de ordenamiento interior. No porque transmita contenidos conceptuales, sino porque modela disposiciones: calma, equilibrio, atención. Esta función formativa no se entiende aquí en términos terapéuticos modernos, sino como parte de una pedagogía integral donde el alma se habitúa a la proporción y a la medida.

5. Armonía y totalidad

La noción de armonía no se limita a la combinación correcta de sonidos. Designa una correspondencia entre partes diversas que forman un todo coherente. La música se convierte así en una imagen sensible del orden del cosmos y, al mismo tiempo, en un ejercicio de integración interior. Escuchar armonía es aprender a reconocer unidad en la diversidad.

6. Música y silencio

La música no se opone al silencio; depende de él. El silencio delimita, articula y da sentido al sonido. Esta relación refuerza la idea, desarrollada en el libro, de que el conocimiento no se construye por saturación, sino por alternancia entre presencia y reserva. El silencio es condición de inteligibilidad, no vacío.

7. Función del cuaderno musical

Este cuaderno no pretende enseñar música ni establecer reglas compositivas. Su función es conceptual y formativa: mostrar cómo la experiencia musical ilustra, de manera inmediata, los principios de orden, proporción y medida que atraviesan todo el ideal mathematikoí. La música aparece como culminación sensible de un recorrido que comenzó con el número abstracto.

8. Cierre del cuaderno

Ubicar este cuaderno al final del libro responde a una decisión consciente. Después del análisis histórico, conceptual y crítico, la música permite cerrar en clave de armonía. No como conclusión doctrinal, sino como recordatorio de que el orden no sólo se piensa: también se escucha y se vive.

www.ingramcontent.com/pod-product-compliance
Lightning Source LLC
LaVergne TN
LVHW010651110826
845149LV00014B/3035

* 9 7 9 8 9 9 3 8 8 1 1 6 4 *